●不點醫師寫給小學生的成長指南●

著｜不點醫師
協力｜不點全家人

第一次照顧自己就上手！

各方推薦

圖文漫畫家

精湛的外科醫師，幽默的圖文作家，這兩個都是不點醫師的本體！

—River｜骨灰級四格漫畫家

僅需親子共讀數回，家長必能更安心、進而得到更多自己的時間，簡直賺爛！

——**綜合口味**｜漫畫家

書裡的細胞們畫得好可愛，能把枯燥的醫學知識畫成這麼有趣的漫畫，也只有不點醫師了！

—**SANA**｜漫畫家

書裡的文字讓小學生能輕鬆理解，還搭配了幽默又生動的漫畫，讓健康知識變得有趣也更容易記住！

——**熊媽**｜【小熊熊一家】親子插畫家

可以搭配輕鬆幽默的圖文漫畫來長知識，真棒！

——**謝東霖**｜漫畫家

不點醫生用溫馨又可愛的筆觸，搭配親切又淺顯易懂的醫學常識，是一本適合推薦給全家大小閱讀的書！但連圖都自己畫是給不給人活啊？太萬能了吧～

——**彎彎**｜圖文創作家

醫學教育界

※ 推薦人依首字筆畫排序

輕鬆流暢的文字傳達著非常重要的觀念：了解自己、接納自己、愛悅自己。拜讀之後非常驚喜的發現，不點醫師想要傳達的，與我對孩子的教養核心理念不謀而合。推薦所有的家長輕鬆閱讀之後，將內容轉化成與孩子對話的養分，充分滿足孩子探索自我與世界的好奇心。祝大家都有愉快的親子對話。
我是大林老師，努力帶領孩子與世界接軌、好好的跟自己和他人相處。

——**大林老師**｜國小老師

阿包醫生身為二寶爸，一直扮演著他們的健康小老師。但隨著他們長大，健康疑問也越來越多，當我應接不暇時，不點醫師這本書中的文字及圖畫就能幫大忙，讓他們第一次照顧自己就上手！爸媽們一定要買來跟孩子一起看唷！

——**阿包醫生巫漢盟**｜禾馨醫療體系兒科主治醫師

不點醫師用生動圖畫搭配淺白文字，把長高祕密變得有趣又好懂，小學生也能輕鬆學會！

——**陳奕成醫師**｜兒童內分泌專科醫師

不點醫師用溫柔文字與可愛漫畫，陪孩子認識身體、學會照顧自己，是小學生踏上健康成長旅程時最溫暖又可靠的工具書！

——**黃瑽寧醫師**｜《輕鬆當爸媽，孩子更健康》作者

活潑可愛又幽默的插圖，搭配全方位的衛教知識，讓不點醫師幫助你的孩子，從現在開始學習照顧自己！

——**羅寶鴻**｜親職教育專家

作者序

感謝你翻開這本書！

我從醫學生時期就開始創作醫療漫畫，內容多半與臨床日常或衛教知識有關。而這本書的誕生，其實是因為我家的兩位小孩常常問我許多和身體、健康有關的問題——像是：「可不可以不要洗澡？」、「我氣到停不下來怎麼辦？」、「為什麼一定要刷牙？」、「怎樣才會長高？」等等。有時我會一邊回答，一邊想：如果有一本書能幫我說明這些問題、還能用漫畫讓他們看得懂，那就太棒了！

剛好，他們也非常喜歡看我畫的漫畫。於是，我決定動手創作一本能陪孩子一起認識身體、了解情緒、學會照顧自己的書。

這本書的完成，要特別感謝我的先生與兩個孩子一直以來的鼓勵與支持；也要感謝我的漫畫老師——綜合口味的大軒，在創作過程中給予我許多建議與幫助；還有出版社編輯們的大力協助，讓這本書順利誕生。

希望孩子們讀了能開心，父母們也能從中學到實用的健康知識。書中每一頁漫畫，都是我一筆一畫用心完成的作品。謝謝你願意讀到這裡，祝你閱讀愉快，也能「第一次照顧自己就上手」唷！

——**不點醫師　蔡宗芸**

不點全家推薦

不點小孩的爸兼耳鼻喉科主治醫師

這本書用可愛逗趣的漫畫和淺顯易懂的文字，讓全家人都能夠輕鬆的理解並增加許多醫療上的知識，補足了國內滿缺乏的這類型書籍，值得細細品味！

哥哥育誠

弟弟育仁

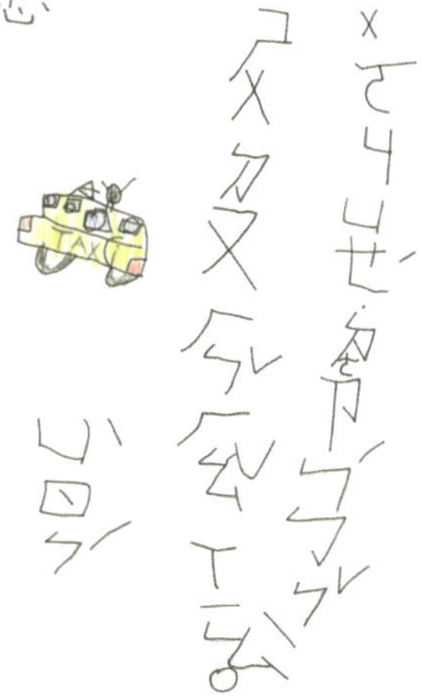

目錄

角色介紹

路障醫師（三角錐醫師）

熱心幫助小朋友解答健康疑惑的醫師，喜歡用簡單有趣的方式教導大家健康知識。

不點（小黑點）

路障醫師的好朋友，總是有點迷糊但充滿好奇心，經常提出天馬行空的問題。

（不點的人類形態是可愛的女生喔！）

PART 1

好奇寶寶探險隊
——認識自己的身體

1 我以前住在媽媽的肚子裡？

一年一度的母親節到了的時候，有沒有好好感謝媽媽呢？你知道嗎？每個小朋友都曾經在媽媽的肚子裡住了整整十個月！那時候的你可小了呢，就像一顆小種子，慢慢吸收著媽媽的營養，一點一滴長大。今天就一起來看看，你住在媽媽肚子裡的那些日子，媽媽到底經歷了什麼吧！

懷孕初期（第1週到第12週）：小種子進駐，媽媽的變化開始了！

剛開始的時候，你就像一顆小小的種子，悄悄的進駐在媽媽的肚子裡。這時候，媽媽的身體開始出現變化，可能會感覺到不舒服，像是噁心、想吐，甚至連喜歡的東西都吃不下。第六週左右，媽媽可能會開始發現身體的變化，於是去驗孕，這才驚喜的發現原來有了你這個小寶貝！

懷孕的頭三個月，媽媽每天都要小心翼翼，生怕一個不小心你就不見了！

這時的媽媽很容易累，吃東西也挑剔，總是想吐。但他知道這些不舒服都是因為你在成長，所以再辛苦他也會堅持下去。

懷孕中期（第13週到第27週）：肚子愈來愈大，裡面的你開始動來動去！

經過了前三個月的辛苦期，媽媽終於可以大聲告訴大家：「我有寶寶了！」從第十三週開始，媽媽感覺好多了，肚子也開始明顯變大，裡面的你也長得愈來愈像小寶寶。到第二十週左右，你的小手小腳開始動了起來，媽媽可以感受到你在肚子裡踢踢腿、伸伸手，像是在跟他打招呼：「媽媽，我在這裡！」

這段時間是媽媽相對輕鬆的日子，他可以帶著你到處走走看看，你可以跟著媽媽去很多地方探險呢！第二十四週以後，你的耳朵也變得很靈敏，開始聽得到外面的聲音了，媽媽說話、音樂的聲音、路上車子的聲響，你都聽得到喔！

懷孕後期（第28週到第40週）：肚子大成西瓜，媽媽走路像企鵝！

懷孕最後幾個月，是媽媽最辛苦的時候。到了第二十八週以後，你已經長得像一顆大西瓜一樣大，媽媽的肚子也變得圓滾滾，做什麼都變得好困難。因為肚子太大，媽媽走路會像企鵝一樣搖搖晃晃，蹲下、彎腰都好費力，連穿鞋子都變成一個挑戰。

到了第三十六週，你變得很調皮，常常踢踢這裡、碰碰那裡，有時候讓媽媽嚇一跳！而且大大的肚子壓迫到媽媽的肺部，讓他常常喘不過氣，需要多休息；有時還壓到膀胱，讓媽媽不停的跑廁所。即使這樣，媽媽還是忍著，因為他知道再過不久就能見到心愛的你了！

生產（第40週左右）：終於見到你！

終於到了第四十週，你準備好要來到這個世界了！媽媽的肚子開始一陣陣疼痛，這種痛可是世界上最痛的痛喔！如果是自然生產，你就像一顆大西瓜要經過很窄的通道，媽媽的身體會被撐得好大好大，這種疼痛就像鼻子要塞進一顆西瓜一樣呢！

而如果是剖腹產，醫師會在媽媽的肚子上劃一刀，伸手把你抱出來。無論是哪種方式，媽媽都要忍受很大的疼痛，才能把你帶到這個世界上。所以，你的生日也是媽媽最辛苦的一天。每年的這一天，別忘了抱抱媽媽，跟他說：「謝謝你，辛苦了！」因為媽媽對你的愛，無論多辛苦都是值得的。

不點醫師的話

媽媽生下你是很辛苦的事，一定要好好感謝媽媽對你的愛喔！他在肚子裡養育你，經歷了很多不舒服和疼痛，所以記得每天都要對媽媽說聲「謝謝」！

胎兒出生過程

1. 想出去了……
2. 我擠～
3. 翻個身……
4. 伸展一下～
5. 到外面了！
6. 再翻身……
7. 想知道我的名字～
8. 謝謝媽媽！媽媽辛苦了！

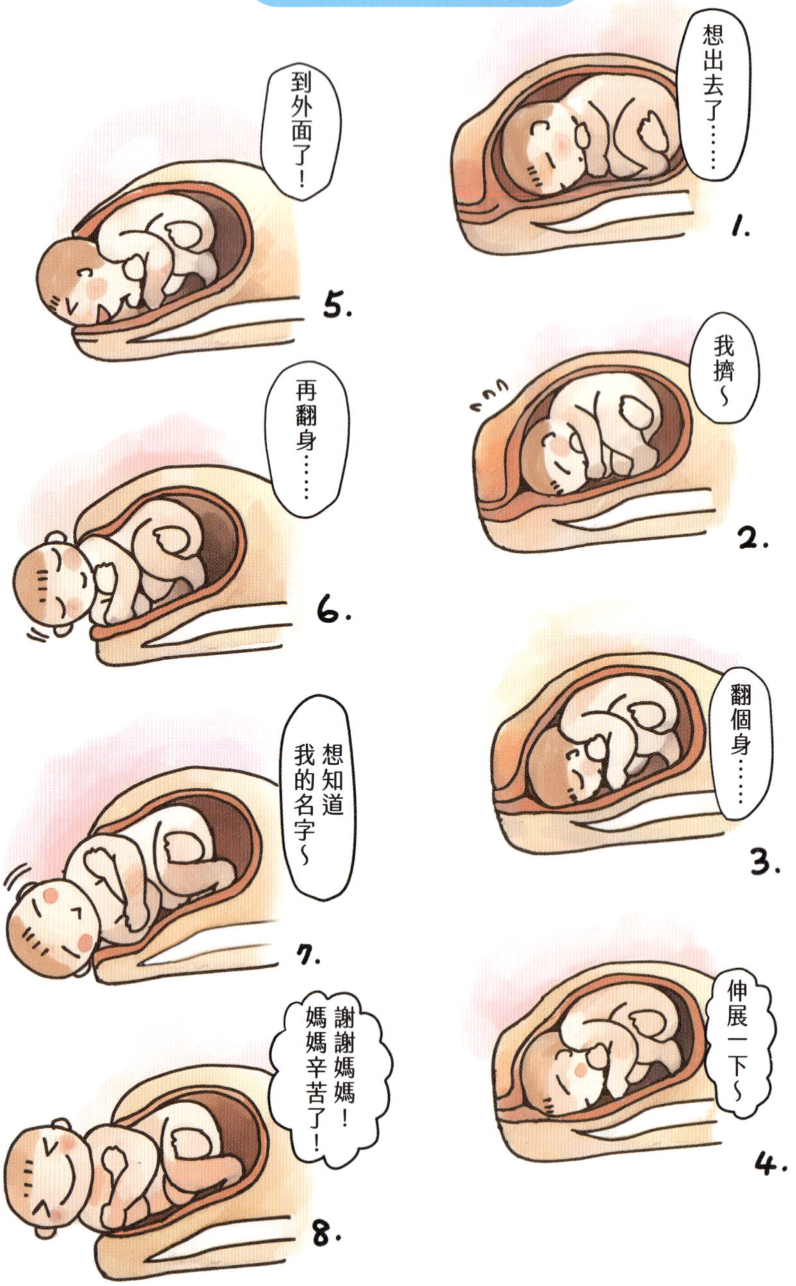

2 男生跟女生，哪裡不一樣？

各位小朋友，你們知道嗎？當爸爸的精子和媽媽的卵子在媽媽的肚子裡相遇、融合，形成你這顆小小的種子時，一場奇妙的冒險就開始了！那一刻起，你的「性別基因」就悄悄的決定了你的生理性別。

基因像是身體裡的密碼，這些密碼決定了我們的身體會怎麼長大。如果你的性別基因是「XY」，那麼這顆小種子會長成男生，會有男生特有的身體特徵，比如小弟弟（陰莖）和精子袋（睪丸）；如果基因是「XX」，就會長成女生，女生的外陰部不像男生的生殖器那麼突出，而是比較凹進去，藏在小小的皺褶裡。也因為男生和女生的身體構造不同，上廁所的方式自然會不一樣，這就是為什麼廁所會分成男廁和女廁。這些小小的不同，是我們身體多樣性的展現。每個人都很特別，這正是我們每個人美麗的地方。

除了生理性別，還有一個更神祕的東西叫做心理性別。這是每個人心裡對自我性別的感受。有些人會發現，自己的心理性別和生理性別一致，比如說，男生的身體裡有男生的靈魂，女生的身體裡有女生的靈魂。但是，也有些人會覺得自己的靈魂住在一個不太相同的身體裡，比如女孩子的靈魂住在男孩子的身體裡，或男孩子的靈魂住在女孩子的身體裡。

還有一些小朋友，他們獨特的基因讓身體的特徵變得不太明顯，讓人不容易分辨他們是男生還是女生，這些情況也是大自然的奇蹟之一。我們的身體和心靈有時候就像大自然裡的花朵一樣，有各種各樣的形狀和顏色，沒有哪一種是不美的。最重要的是，我們要明白這一切都是正常的，也是值得驕傲的。每個人都是獨特的寶物，世界上沒有完全一樣的兩個人，這讓我們的世界變得豐富多彩。

所以，小朋友們，不用擔心自己跟別人有什麼不一樣，因為每一個不同之處都讓我們的生命故事更加精彩。勇敢的做自己、愛自己，這樣就能發揮出你最美的光芒。不管你是男生還是女生，或者介於兩者之間，你們都是這個世界上特別的小寶貝，是上天送給世界最珍貴的禮物。希望你們都能開心的探索自己，感受這世界帶來的每一份驚喜。

天堂裡有個靈魂花園。
花園中有各式各樣性別的靈魂，在等待到人間的機會。
當精子跟卵子結合後會形成ＸＸ或是ＸＹ其中一種受精卵。
XX
XY
在大部分情況下，ＸＸ成長為女孩，ＸＹ則會成長為男孩的身體。
在大多數的時候，男孩的靈魂會進入男孩的身體裡，
女孩的靈魂會進入女孩的身體裡；
但有些靈魂會迷路，於是進入到不同性別的身體中。
但無論是什麼樣的靈魂跟身體，
都是獨一無二的禮物。
路障你是男生還是女生呢？
你有聽說過三角錐有性別的嗎？

3 小腦袋裡的夢幻電影，為什麼會做夢？

小朋友你知道為什麼我們會做夢嗎？有時候夢裡會發生開心的事情，比如和朋友一起冒險；有時候卻會做讓人害怕的惡夢。今天，我們一起來聊聊夢的祕密，還有怎麼面對那些討厭的惡夢吧！

為什麼我們會做夢？

當我們睡著的時候，身體在休息，腦袋卻還在努力工作。睡眠分為兩種主要狀態：快速動眼期（REM 睡眠）和非快速動眼期（NREM 睡眠）。

❶ **快速動眼期（REM 睡眠）**：這時即使睡著了，眼球還是會快速活動，肌肉也會完全放鬆。這是我們做最多夢的時候。雖然身體像睡著了一樣不動，但腦袋卻非常活躍，創造出許多奇妙的故事。

2 非快速動眼期（NREM睡眠）：這是身體睡得最熟的時候，這時期會幫助身體修復，增強免疫系統，還會分泌大量的生長激素，是長高的重要時期！除此之外，這也是將白天學到的東西儲存在腦袋裡的時期。剛睡著時，有時會有「突然掉下去」的感覺，這是正常的現象喔。雖然NREM睡眠偶爾也會做夢，但大多是淺淺的、模糊的片段。

夢的內容可能是我們白天經歷過的事情，也可能是腦袋幫我們想像出的奇幻冒險，有趣吧？

做夢時會發生什麼？

夢裡的事情很特別，有時候像是一場電影；你可能夢到自己在飛，或者遇見了平時看不到的小精靈。有些夢甚至讓人感覺「這好像真的發生過！」這叫「既視感」，是大腦的一個小遊戲。

可是，有時候我們會做惡夢，比如被怪物追，或從高處掉下來。這些通常發生在REM睡眠時，腦袋會創造一些緊張或害怕的場景，讓我們醒來時心跳加速、滿頭大汗。

做惡夢怎麼辦？

惡夢讓人不舒服，但別擔心，試試這些方法：

1. **告訴爸爸媽媽**：做了惡夢，可以告訴爸爸媽媽，讓他們陪你說說話、拍拍背，幫助你放鬆。
2. **深呼吸**：慢慢吸氣、吐氣，告訴自己：「這只是夢，現在我很安全。」
3. **讓環境更安心**：可以開一盞小夜燈，或者抱著最喜歡的娃娃，讓你覺得房間裡很舒服。
4. **睡前想開心的事**：在睡覺前，想像自己在遊樂園玩，或者吃著最愛的冰淇淋，幫助你做甜甜的美夢。

為什麼有時候會做惡夢？

有時候，壓力大或心情不好時，我們更容易做惡夢。如果白天太累，或者睡前看了可怕的故事，也會影響晚上做的夢。所以，保持心情放鬆，睡覺前不要玩得太瘋，能幫助你睡得更好。

夢裡的奇妙現象

有些小朋友在睡覺時會「夢遊」，起身走來走去，但其實他們自己不知道。還有一種叫「清醒夢」，是你在夢裡知道自己正在做夢，甚至可以控制夢的內容，比如變成超級英雄拯救世界！這樣的夢是不是很酷呢？

不點醫師的話

小朋友們，夢就像一本腦袋裡的故事書，記錄我們的想像和經歷。做美夢時，我們可以盡情冒險；遇到惡夢時也不用害怕，因為那只是大腦的小電影，不會傷害我們。記住，每天睡前想些開心的事情，這樣才能擁有更多甜甜的好夢喔！

我是隻小小鳥，飛又飛～
高又高～
啊！
什麼東西!?
咚咚咚
?!
啊啊啊啊——

4 熬夜大挑戰！為什麼睡覺很重要？

為什麼不能熬夜？

小朋友們，有沒有試過放假時或寫完作業後，心裡偷偷想：「今天晚點睡，多玩一會兒沒關係吧？」但你知道嗎，熬夜其實對身體有很多壞處，還會帶來一些意想不到的麻煩，比如形成「黑眼圈」！今天我們就來聊聊，熬夜的壞處，以及如何養成健康的睡眠習慣吧！

黑眼圈是怎麼來的？

熬夜可能會讓你的眼睛下方出現黑黑的「小熊眼」，這是因為眼部的皮膚非常薄，熬夜時血液循環變差，血液中的氧氣含量降低，靜脈血液的顏色變得更暗，透過薄薄的皮膚就顯得黑黑的。此外，熬夜會增加眼周壓力，讓血液不容易流通，導致更多色素沉積和浮腫，進一步加深黑眼圈。

睡覺有多重要？

睡覺就像給身體充電，睡得好才能讓我們的腦袋和身體都精神飽滿。每天最好睡八到十個小時，這樣才能夠充足的恢復能量。睡得不夠的話，可能會發生以下問題：

1. **注意力下降：**隔天上課聽不進去，老師說的話也記不住。
2. **心情不好：**容易變得煩躁，跟朋友相處也不開心。
3. **記憶力變差：**熬夜讀書可能會記不住重點，考試時全忘光。

長期下來，睡不好還可能讓身體出現更多問題，比如：

1. **容易生病：**免疫力會下降，感冒找上門。

❷ **長不高：**晚上睡覺時，身體會分泌「長高激素」，幫助你長得更高。如果不睡好，就少了這個機會。

❸ **其他健康問題：**例如肥胖、高血壓，甚至影響心臟健康。

怎麼養成健康的睡眠習慣？

如果你說，我不是故意不睡覺，而是就算躺在床上好久，還是睡不著。別擔心，以下是幾個簡單的小妙招，幫助你睡得香、睡得好：

❶ **固定睡覺和起床時間：**每天讓身體習慣固定的作息，身體會變得很有規律，到了睡覺時間，自然就會想睡了。

❷ **營造安靜的環境：**睡前關掉燈、電子設備，讓房間變成平靜的小巢穴。

❸ **白天多運動和晒太陽：**我們的身體裡有個「生理時鐘」，負責控制什麼時候清醒、什麼時候入睡。晒太陽會讓身體知道現在是白天，會抑制睡眠魔法（褪黑激素），而到夜晚的時候，睡眠魔法產生，讓你更快進入

夢鄉。而白天多運動，能消耗身體能量，到了晚上就更容易感到疲倦想睡。運動還能減少壓力，讓心情更放鬆，幫助進入深層睡眠。除此之外，晒太陽會幫助我們製造維他命D，使得睡眠品質變更好喔！

4 **午睡控制在三十分鐘內：**午睡可以幫助大腦充電，讓你下午更有精神，學東西更快！但如果睡太久，晚上會變得容易睡不著。

5 **避免睡前滑手機：**手機的藍光會壓抑「睡眠魔法」——褪黑激素的生成，導致更難入睡。

熬夜怎麼辦？

如果偶爾熬夜，記得要讓身體休息，調整回健康的作息。如果覺得長期睡不好，記得和爸爸媽媽說，或者找醫師幫忙喔！

不點醫師的話

小朋友們，晚上睡得香香，隔天才能精神滿滿，學得更快，長得更高！記得好好愛護自己的身體，晚上睡前可以想想白天開心的事情，這樣才能做甜甜的美夢喔！

曾經有位白熊醫師，
他很認真照顧病人，
為此常常工作到半夜……
因為熬夜血液循環不好。長了黑眼圈，耳朵也越來越黑……
最後變成了黑熊醫師。
不點你為什麼是黑的？常常熬夜嗎？
我出生就是黑的了……
不點的人類型態
但是我的人類型態很白唷！
真神奇～

5 噴嚏打不停，原來我過敏了？

小朋友們，你們是不是有過鼻子癢癢、打噴嚏停不下來的時候呢？有時候鼻子還會堵住，讓人覺得不舒服，眼睛也癢得想揉一揉。這種情況可能是「過敏性鼻炎」。今天，我們來一起了解這種鼻子的小麻煩，還有過敏時怎麼照顧自己吧！

過敏性鼻炎是什麼？

當我們的鼻子碰到一些過敏原，像是花粉、塵蟎或動物的毛髮，身體的免疫系統就會把這些東西當成「壞人」，啟動保護模式。雖然免疫系統本來是為了保護我們，但有時候反應過度了，讓鼻子和眼睛又癢又難受，還會流鼻水、打噴嚏，甚至鼻塞得透不過氣來，有時還會覺得很累。

過敏反應怎麼發生？

免疫系統就像是一支保護我們的防衛隊，當鼻子第一次接觸到過敏原（像是花粉、貓毛、灰塵）時，身體會製造「IgE」抗體小士兵，貼在鼻子裡的「肥大細胞」上，準備對抗敵人。如果下次再遇到同樣的過敏原，這些小士兵就會發動攻擊，讓肥大細胞釋放「過敏炸彈」（組織胺），造成你開始鼻子癢癢、一直打噴嚏、鼻塞，甚至眼睛也變得癢癢的。

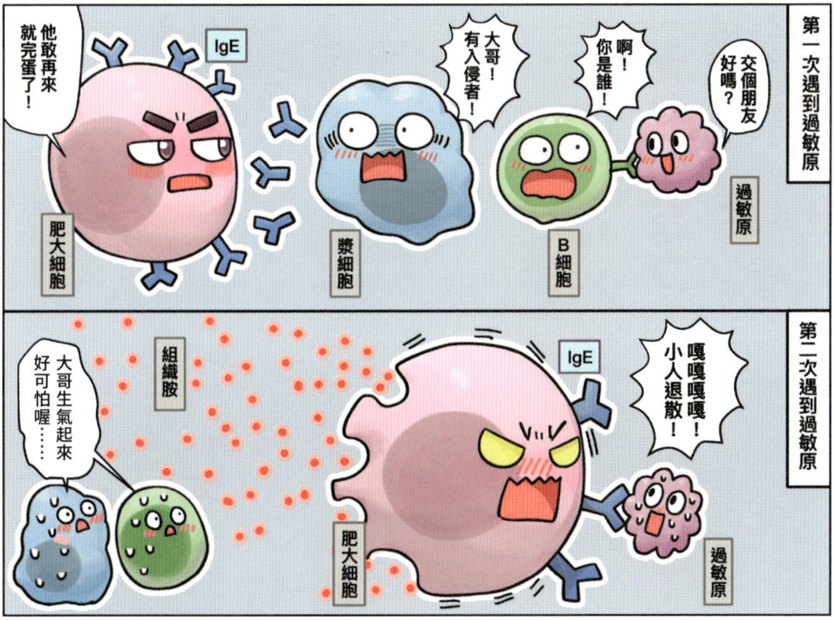

過敏反應是免疫系統在保護身體

這就是過敏發作的感覺啦！

過敏反應分為兩個階段：

❶ **即時反應：**幾分鐘內，肥大細胞會快速釋放組織胺，讓我們打噴嚏、鼻子發癢或流鼻水。這個反應來得快，但大多在半小時左右慢慢消退。

❷ **晚期反應：**在過敏原進入後的六到十二小時內，免疫系統會派出更多的發炎細胞，像嗜酸性白血球，讓鼻子的腫脹加重，甚至讓鼻塞持續很久，特別是在晚上，會影響睡眠。

為什麼有些人會過敏？

這和我們的基因有關。如果家人裡有人會過敏，像是對花粉或塵蟎過敏，那麼你也比較可能容易有過敏反應。除此之外，環境因素也很重要，像空氣中的汙染物或家裡的塵蟎，都可能讓過敏變得更嚴重。

怎麼保護自己？

1 **避免接觸過敏原：**如果你知道自己對花粉或動物毛過敏，就儘量遠離這些東西。家裡可以用防塵網，經常清理房間，減少塵蟎的數量。外出回家後，換掉衣服並洗臉，避免把過敏原帶進家裡。

2 **使用抗過敏藥物：**有時候，過敏反應讓人很不舒服。這時可以在醫師的指導下，使用抗組織胺藥物，幫助減輕症狀。鼻塞特別嚴重時，醫師也可能建議使用鼻噴劑。

3 **保持健康的生活習慣：**多吃健康的食物、適量運動，能讓身體更強壯，減少過敏發作的機會。還有，每天要有足夠的睡眠，讓身體有足夠的時間恢復。如果空氣品質不好，可以戴口罩保護鼻子。

特別注意！

有時候過敏反應會讓你覺得很不舒服，甚至影響上課或玩耍。如果鼻塞嚴重到晚上都睡不好，一定要告訴爸爸媽媽，並去看醫師，找出最適合你的治療方法喔！

不點醫師的話

如果鼻子癢癢，記得不要用力揉鼻子，這樣只會讓情況更糟。試著慢慢深呼吸，有需要就求助醫師定時使用過敏藥物，遠離過敏原，學習怎麼保護自己，也能更好的享受每一天！

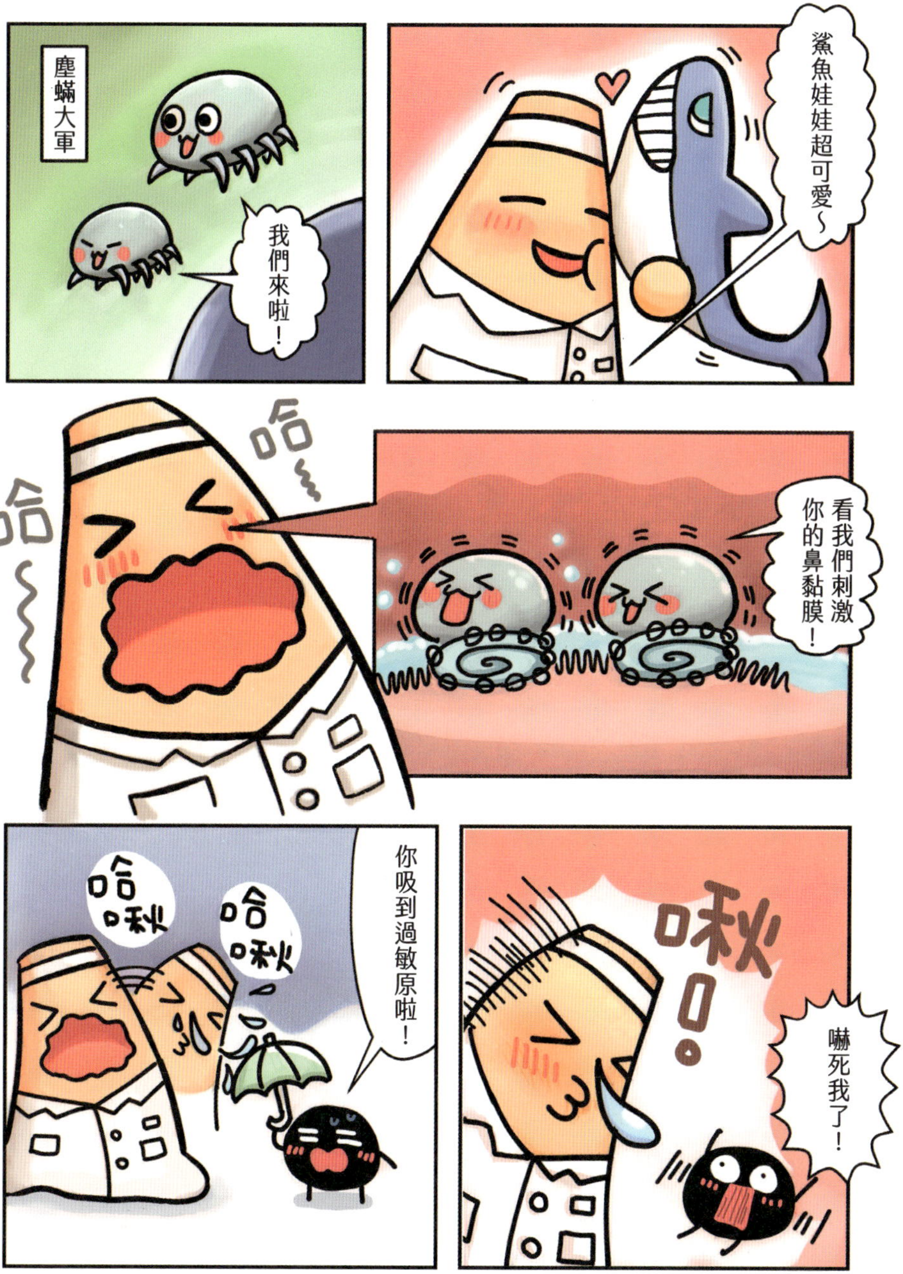

塵蟎大軍
我們來啦！
鯊魚娃娃超可愛～
哈～
哈～
看我們刺激你的鼻黏膜！
哈啾
哈啾
你吸到過敏原啦！
啾！
嚇死我了！

6 牙仙子的小禮物！我的牙齒怎麼掉了？

有一天，當你正準備咬下一口蘋果時，突然發現牙齒鬆鬆的，甚至還掉下來了！這是怎麼回事呢？別擔心，這是牙齒成長的正常現象，也是牙仙子準備送禮物給你的時刻！

為什麼我的牙齒會掉？

我們的牙齒分為兩種：「乳牙」和「恆牙」。乳牙是我們小時候的第一套牙齒，一共有二十顆，通常會在六個月大左右開始長出來，到兩歲半時就長得差不多了。乳牙就像牙齒界的「先鋒隊」，幫助我們學會咬東西、吃食物，甚至說話。但是，乳牙只是臨時的，因為到了大約六歲時，它們會開始一顆一顆的掉，並為三十二顆更堅固的「恆牙」讓路。

掉牙的過程叫做「乳牙脫落」。當新的恆牙在乳牙下方開始長出來時，它們會慢慢「吃掉」乳牙的根，讓乳牙變得鬆動，直到最後脫落。這就是為什麼有時候我們覺得牙齒搖搖晃晃的，卻不痛的原因。

乳牙什麼時候會掉光？

乳牙脫落的時間和順序因人而異，但一般來說，從六歲左右開始，乳牙會按照一定的順序慢慢掉光：

1. **下門牙：**通常是第一顆掉的牙齒，大約在六至七歲。
2. **上門牙：**接著會掉，大約也是六至七歲。
3. **側門牙：**大約在七至八歲掉落。
4. **犬齒和臼齒：**最後的乳牙，會在十到十二歲左右脫落。

到大約十二歲左右，所有乳牙都會被恆牙取代。

牙齒掉了要怎麼辦？

當牙齒掉了，你可以這樣做：

❶ **不要害怕流血：**牙齒掉下來時可能會有一點點血，這是正常的。你可以用乾淨的紗布輕輕壓住傷口，幾分鐘後就會止血。

❷ **保持口腔清潔：**牙齒掉了以後，用溫水輕輕漱口，但不要用力漱，避免影響新牙的生長。

❸ **別用手碰傷口：**讓傷口自然癒合，避免用手摸，也別用舌頭舔。

有些牙齒掉得很慢，正常嗎？

有時候，乳牙不掉，恆牙卻先冒出來，這種情況叫做「雙排牙」。雙排牙很常見，尤其是在下門牙附近。一般來說，乳牙會在一年內自行脫落。如果乳牙遲遲不掉，可以請牙醫幫忙拔掉，讓恆牙有更多空間生長。

我的牙齒掉了以後會有新牙嗎？

當然會有！乳牙掉了以後，下面的恆牙就會慢慢長出來。恆牙是我們的「終生牙」，會陪伴我們一輩子，恆牙掉了之後就不會再長出新牙，所以我們要好好保護它們。刷牙、定期看牙醫、減少甜食，都是保護牙齒的好習慣。

刷牙有多重要？

當乳牙掉了，新牙長出來，這些恆牙就是你一生的夥伴了！為了讓它們健健康康的陪伴你，刷牙非常重要。

刷牙不僅是把卡在牙縫裡的食物清掉，更是要清除牙齒和牙肉之間的「牙菌斑」。這些牙菌斑如果沒有刷乾淨，會慢慢讓牙齒變脆、變軟，甚至蛀牙！每天早晚刷牙，特別是在吃完甜食後，用清水漱口或立即刷牙，可以大大降低蛀牙的機率喔！

刷牙時記得用柔軟的牙刷，將牙刷放在牙齒和牙肉交界處，輕輕的用繞圈方式刷，每顆牙齒都不能漏掉！還可以用牙線和含氟漱口水，讓牙齒的防護更完整。

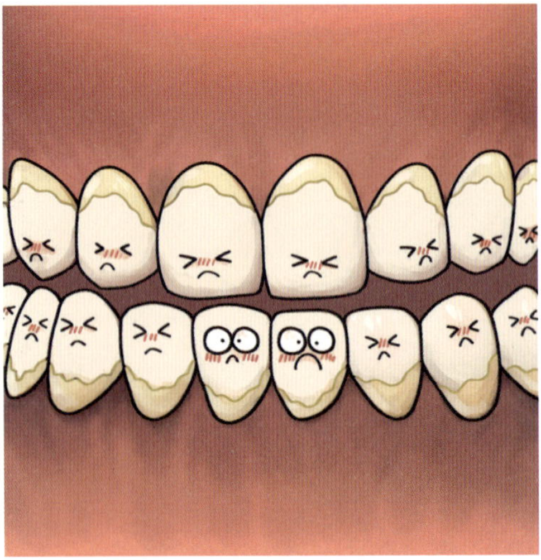

牙菌斑是牙齒表面的細菌膜，
會引發蛀牙與牙周病。

牙仙子的小提醒

1. **保護新牙：**當新牙長出來時，要記得每天刷牙，避免吃太多甜食，讓牙齒健康又潔白。
2. **定期看牙醫：**每半年看一次牙醫，檢查牙齒的生長情況，確保一切順利。

③ **牙仙子的禮物：**有些人喜歡把掉的牙齒放在枕頭下，等待牙仙子帶來驚喜！這是一個充滿童趣的小儀式喔！

不點醫師的話

掉牙是成長的一部分，別害怕！記得每天刷牙，恆牙長出來後，更要好好保護它，它們將成為你一生的好夥伴喔！

乳牙掉了！
好痛！
夜晚牙仙子來了！
把掉下來的牙齒放在枕頭下，可以跟牙仙子許願！我想要……新玩具！
上學遲到、作業不寫、欺負同學。
太不乖了吧！
好期待牙仙子的禮物喔……
隔天
BYE BYE—
等你以後乖一點再給你禮物喔！
怎麼這樣～

7 耳屎的神祕作用！為什麼會有耳屎？

有沒有發現，每次清耳朵時，都能挖出一些「神祕的耳屎」？耳屎是什麼？為什麼它會出現在我們的耳朵裡呢？今天，我們就來一起揭開耳朵的祕密！

耳屎是什麼？

耳屎其實有個學名，叫「耳垢」（Cerumen），是由耳道內的皮脂腺和汗腺分泌的物質，混合脫落的皮屑和其他微生物而成。別看它名字有個屎字，它可是一位「耳朵保護者」喔！耳屎有許多重要的功能，例如：

❶ **保護耳朵：**耳屎覆蓋在耳道裡，像一道屏障，防止水分、灰塵和細菌侵入耳道。

❷ **防止感染：**耳屎具有一定的抗菌性，可以抑制細菌和真菌的生長，降低

感染風險。

3 **保持耳朵溼潤：**耳屎有助於保持耳道皮膚的適當溼度，避免過於乾燥。

耳屎需要清理嗎？

就像皮膚會脫皮、眼睛會分泌眼屎一樣，耳朵也需要一種「清潔系統」。耳道的皮膚有一種特殊的「自我清潔功能」，會將耳屎從耳道深處慢慢向外推移，最後脫落或隨著日常洗澡被清洗掉。

雖然耳朵能自行處理耳屎，不需要特別清理，但如果耳屎堆積過多，可能會出現一些小麻煩，像是：耳屎堵住耳道，導致聽不清楚；耳屎過多讓耳道覺得癢癢的；甚至是引起耳鳴或頭暈。

當耳屎真的需要清理時，記住以下安全的方法：

1 **不要用棉花棒：**棉花棒只會把耳屎推得更深，甚至可能傷害耳道或鼓膜。

2 **使用耳垢軟化劑：**可以在藥房購買耳垢軟化劑，按照說明滴幾滴在耳道裡，讓耳屎變軟後自然排出。

3 **用清水沖洗：**在醫師指導下，可以用溫水輕輕沖洗耳朵（為了確保耳膜完好無損，小朋友不要輕易自己嘗試喔！）。

4 **求助專業醫師：**如果耳屎非常堅硬或堵塞耳道，不要自己硬挖，應該去耳鼻喉科找專業醫師清理。

怎麼預防耳屎過多？

如果想避免耳屎「失控」，變得太多，可以試試以下方法：

1 **少用耳塞或耳機：**長時間使用耳塞會阻擋耳屎排出。

2 **避免頻繁清耳朵：**讓耳朵的自我清潔功能發揮作用，不要過度干預。尤其是不要使用棉花棒等工具，以免將耳屎推得更深，形成「耳屎山」。

3 **保持耳朵乾燥：**游泳或洗澡後，輕輕用毛巾擦乾耳朵，避免水分積聚。

不點醫師的話

耳屎不是敵人，而是耳朵的守護者！只要它沒有引起不適，就讓它安靜的待在耳朵裡吧。如果真的需要清理，也要用正確的方法喔！

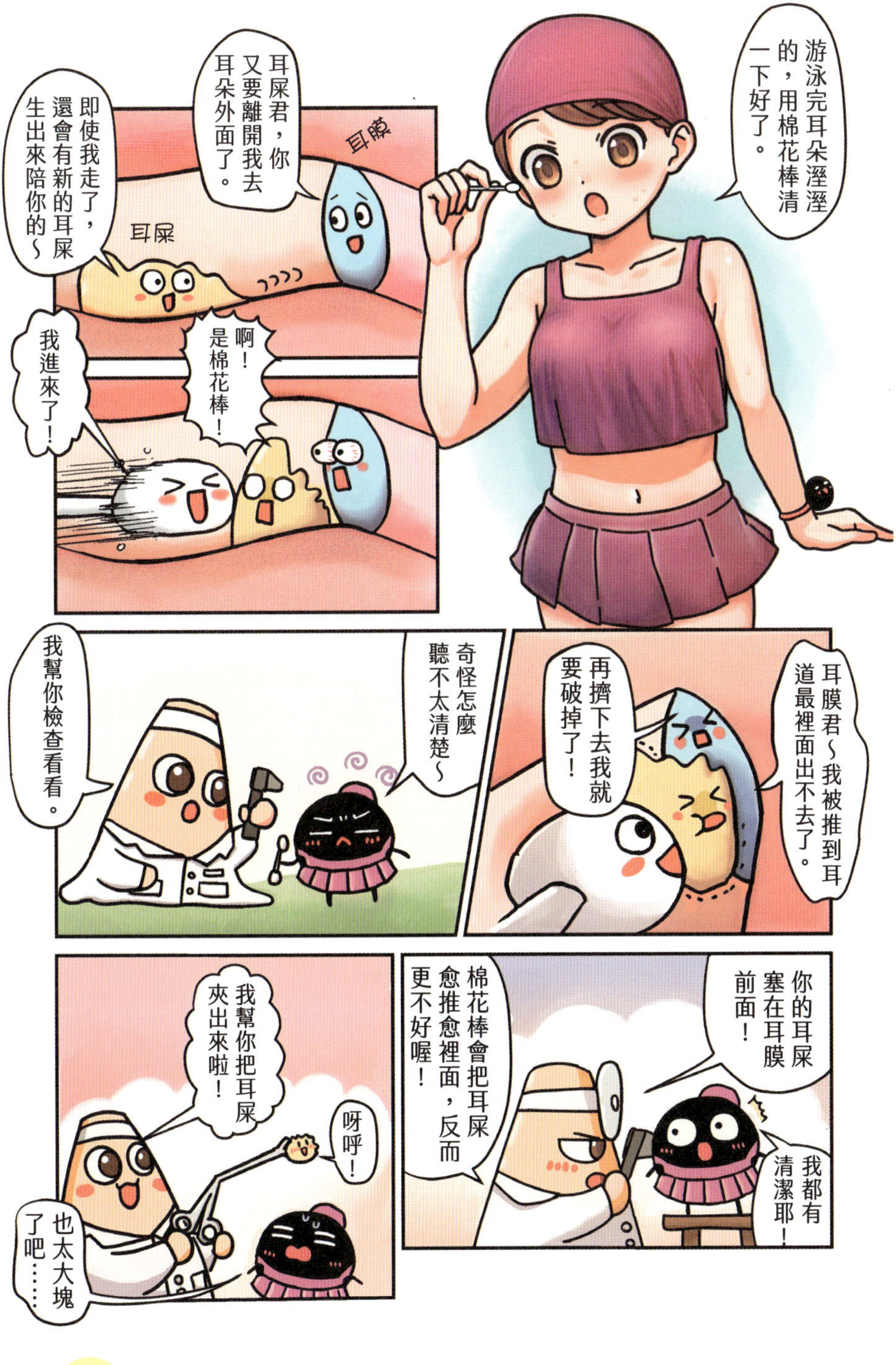
游泳完耳朵溼溼的，用棉花棒清一下好了。
耳膜
耳屎
耳屎君，你又要離開我去耳朵外面了。
即使我走了，還會有新的耳屎生出來陪你的～
啊！是棉花棒！
我進來了！
耳膜君～我被推到耳道最裡面出不去了。
再擠下去我就要破掉了！
奇怪怎麼聽不太清楚～
我幫你檢查看看。
你的耳屎塞在耳膜前面！
我都有清潔耶！
棉花棒會把耳屎愈推愈裡面，反而更不好喔！
我幫你把耳屎夾出來啦！
呀呼！
也太大塊了吧……

8 健康成長動起來！運動有什麼好處？

你知道嗎？我們的身體就像一臺需要好好保養的儀器，運動就是給它能量。運動不僅讓我們更健康、更有活力，還能幫助我們變高、變強壯，甚至心情都會更快樂喔！那麼，運動究竟有什麼魔力呢？讓我們一起來看看吧！

運動會讓我們變高嗎？

想長得更高，運動可是最好的幫手喔！像是跳繩、籃球、游泳這些運動，都能幫助骨頭受到刺激，促進生長。當我們在跳躍、跑步時，骨頭會感受到來自地心引力的「推拉」作用，這種適當的壓力會刺激骨骼細胞，讓骨頭長得更長、更結實。特別是在青春期，骨頭成長速度最快的時候，就是最佳的運動黃金期！

運動讓身體有哪些變化？

❶ **幫助骨頭變強壯，還能長高：**運動時骨頭會受到「良性壓力」，就像給骨頭加油，讓它們更結實。跳躍或伸展的運動，如籃球和游泳，特別能促進長高。想成為班上的小巨人嗎？每天花點時間動一動吧！

❷ **讓肌肉更有力氣，動作更靈活：**跑步、爬山或提水壺都能讓肌肉更強壯，還能保護骨頭不易受傷。肌肉有力，玩遊戲和運動比賽都更輕鬆！

❸ **讓心臟變得更健康：**運動能讓心臟更強壯，促進血液循環，提供全身氧氣和養分，更有體力，讀書跟玩都不會累！

❹ **讓腦袋更聰明，心情更快樂：**運動時大腦會釋放「快樂因子」，讓你開心放鬆，也能提高專注力。考試前跑跑步或伸展一下，效果更好喔！

❺ **讓身體更健康，免疫力更好：**經常運動能增強免疫力，減少感冒機會，還能保持健康體重，讓你更輕盈、更有活力！

運動還能幫助什麼？

運動不只是讓身體變得更強壯，還有很多其他的好處喔！它能幫助我們建立自信，因為當你跑得更快、跳得更高時，你會發現自己愈來愈厲害。運動也能幫助我們交到更多朋友，特別是在團隊運動中，比如籃球、足球、排球等等。一起合作、一起努力，會讓你和隊友變得更親密！

此外，運動還能教我們怎麼面對困難。體育比賽輸了沒關係，只要繼續努力，下次就有機會贏回來。這些在運動中學到的技能，可以讓我們建立自信、交到朋友、更能應對壓力及學會時間管理，運動的好處是不是多到說不完呢？

怎麼開始運動呢？

運動不一定要很困難或很專業，可以從簡單的活動開始就好，比如：

- 和朋友一起打球或跳繩。
- 和家人去公園散步或慢跑。
- 騎腳踏車去探險。
- 在家裡做簡單的瑜伽或伸展動作。

最重要的是，找到自己喜歡的活動，並且每天都動一動。不用一次做很久，每天累積起來，效果一樣好！

運動的注意事項：

1. **穿合適的鞋子和衣服：**運動時穿對鞋子和衣服可以保護身體不受傷，讓你運動起來更舒適。
2. **記得補充水分：**運動時，身體會流很多汗，記得多喝水，讓身體保持在最好的狀態。
3. **找到好夥伴：**和朋友或家人一起運動，不僅更有趣，也能互相鼓勵。

不點醫師的話

想要長得高、身體強壯嗎？記得每天運動，幫助骨頭長高、肌肉變結實。你會發現自己不僅身體變好，心情也會更快樂喔！所以，放下手機，動起來吧，讓自己變成更棒的自己！

天氣這麼好！起來運動啦！
多動身體才會健康啊！
不要！我還要睡！
到了公園
你看我運動後變超級健康！
你這是穿肌肉衣吧！
我、我真的跑不動了……

PART 2

健康守護隊出動！

——預防疾病變健康

1 牙仙子的特別任務！保護你的恆牙

當乳牙一顆一顆的告別，陪伴我們一輩子的恆牙就會陸續登場。今天，讓我們繼續聊聊新牙冒出後該怎麼照顧，讓它們成為你最牢靠的夥伴。

為什麼新長出的牙齒會看起來不太一樣？

剛長出的恆牙有時候看起來比乳牙更大、更黃，這是因為：

1. **牙齒結構不同**：恆牙的琺瑯質比乳牙更厚，顏色也稍微偏黃。
2. **還在「適應期」**：剛長出的牙齒還需要時間穩定，隨著使用和清潔，它們的顏色會慢慢變得自然。不需要因為牙齒顏色或形狀不同而擔心喔！

保護新牙的三大守則

① 清潔第一步：養成好習慣

- 每天早晚刷牙是基本，尤其是睡前的那次一定不能省！刷牙能清除牙菌斑，避免蛀牙的發生。
- 刷牙時要選用含氟牙膏，氟化物可以加強牙齒表面的防護力。
- 使用牙線清潔牙縫，牙刷刷不到的地方，是細菌最愛的藏身處！

② 飲食控制：甜食不是牙齒的朋友

- 當你吃甜食的時候，糖分是嘴巴裡的細菌最喜歡的食物，它們吃了糖後會產生酸，這些酸會讓你的牙齒變得軟軟的，牙齒上也會產生一層叫做「牙菌斑」的東西，久了就會形成蛀牙喔！所以，吃完甜食後記得漱口，或者趕快刷牙，把糖分和細菌清潔乾淨，這樣它們就無法在牙齒上「作怪」。

各位乳牙們！恭喜你們完成任務，現在要交由「恆牙」來接手了！
乳牙畢業典禮
恆牙們
恆牙們！我們工作的三大守則是什麼？
每天刷牙！
少吃甜食！
定期檢查！
我還要介紹一位資深員工給大家認識！
這是舌頭君！
舌頭可以輕輕清潔！牙齒也要用牙線喔！
若不遵守規則，就會像這顆牙齒一樣喔～
啊
啊
啊

3 **定期檢查：牙醫是牙齒的守護者**
・每半年看一次牙醫檢查牙齒，早點發現問題，讓牙齒保持健康。

不要口臭的祕訣！

你的嘴巴會臭臭的嗎？口臭不僅讓自己不舒服，也會影響與他人的交流。

接下來，分享一些避免口臭的小技巧：

1 **刷舌頭**：舌頭表面容易藏匿食物殘渣和細菌，用牙刷或舌苔刷輕輕清潔舌頭，可以有效減少異味。

2 **多喝水**：保持口腔溼潤有助於沖掉細菌和食物殘渣，特別是早上起床後和餐後可以喝杯水。

3 **避免吃強烈氣味的食物**：例如大蒜、洋蔥，這些食物會讓口腔和呼吸產生氣味，吃完後澈底漱口或刷牙，就不會嘴巴臭臭。

4 **使用漱口水**：選擇含抗菌成分的漱口水，可以在短時間內清新口氣，並殺死細菌。

5 **注意腸胃健康**：如果已經努力刷牙、漱口後還是有口臭，那可能是腸胃出了問題！比如食物消化不完全或是胃酸逆流，也會讓嘴巴味道變不好。胃酸逆流是胃裡的酸跑到食道，這是因為胃和食道之間的閥門沒有完全關緊，酸液就跑上來了。這時候可以去看醫師，請醫師幫你做進一步的檢查！

不點醫師的話

每天早晚刷牙是保護牙齒和避免口臭的關鍵！記得，健康的牙齒與清新的口氣，會讓你的笑容更加自信，讓大家都願意靠近你喔！

從前從前有口臭怪跟蛀牙怪。
他們會附身在愛吃甜食
而且不刷牙的小孩身上。
被附身的人因為嘴巴太臭了，
同學都不敢靠近他。
但只要天天認真使用
清潔牙齒的工具！
口臭怪跟蛀牙怪就會被打飛！
嘴巴再也不會臭了！
為什麼你講話嘴巴也有怪味道啊?!
我剛吃了大蒜麵包啊！

2 疫苗打針好可怕！認識守護身體的超級英雄

小朋友你們是不是從小就常常被帶去醫院打疫苗呢？針頭看起來尖尖的，打下去又很痛的樣子，讓人忍不住想要躲起來。但是，你們有沒有想過，為什麼我們要忍著痛，勇敢的去打疫苗呢？今天，就讓我來告訴你們這個重要的祕密吧！

疫苗就像一個神奇的盾牌。當我們打疫苗時，醫師會把一點點模擬病毒或細菌的「敵人訓練生」放進我們的身體裡。這些訓練生很弱小，對我們不會造成傷害，但卻會讓我們的免疫系統——那群守護我們身體的超級英雄，開始訓練怎麼跟那些敵人作戰。當我們身體內的超級英雄軍隊變得更強大、更聰明後，在有真正的病毒或細菌來攻擊時，我們的身體就能夠迅速出擊，把壞蛋們打得落花流水，保護我們不生病喔！

你們知道嗎？這樣的保護力非常重要，因為有些傳染病很厲害，如果不預防，除了讓人變得很不舒服以外，甚至會有生命危險！特別是小朋友的身體還在長大，還沒成熟到可以自己抵抗這些疾病，更需要這種守護力。所以，我們去接種疫苗，其實是在為自己穿上隱形的鎧甲。

有些小朋友會問：「可是我今年已經打過流感疫苗了，明年還要去打，真的有必要嗎？」答案是——當然有！

流感比一般感冒更厲害，因為它能快速攻破我們身體的防線，讓我們感到非常的不舒服！像是發高燒、劇烈咳嗽，喉嚨痛，還可以讓我們全身痠痛，筋疲力盡無法起床。尤其對小朋友們來說，流感有可能會造成嚴重的腦部發炎或肺部發炎，這些情況非常危險！而且，流感病毒非常狡猾，它每年都會變化，像是換上新的盔甲，變得更厲害，讓我們的免疫系統不容易識別。

所以，我們身體裡的免疫英雄們也需要每年更新作戰計畫，才能對抗這些變異的流感病毒，保護我們小小的身體，免受病毒的侵害。每年都去打流感疫苗，就像給我們的免疫英雄們一個新的訓練，讓他們變得更強大、更聰明，才能保護我們的身體！

不過還有一些情況需要注意。如果你曾經對疫苗過敏，或者有特別的過敏體質，甚至有一些先天性的疾病，那就要去找專門的醫師評估是否可以施打疫苗，這樣才能確保你的安全。每個人都有不同的體質，像是大自然中每片葉子的形狀都不一樣，這是很正常的事情喔！

所以，小朋友們，雖然打針會痛，但那一點點的疼痛換來的是我們身體的健康和安全。就像在冒險故事裡，勇敢的騎士總是要接受考驗，才能守護他們的王國。打疫苗也一樣，就是讓身體的守護者接受考驗，變得勇敢又堅強喔！

不點醫師的話

打針的時候深吸一口氣，想著你要變成勇敢的小勇士了！只要撐過這一點點疼痛，你就會變得更強大、更有力量，保護自己和身邊的人呢！

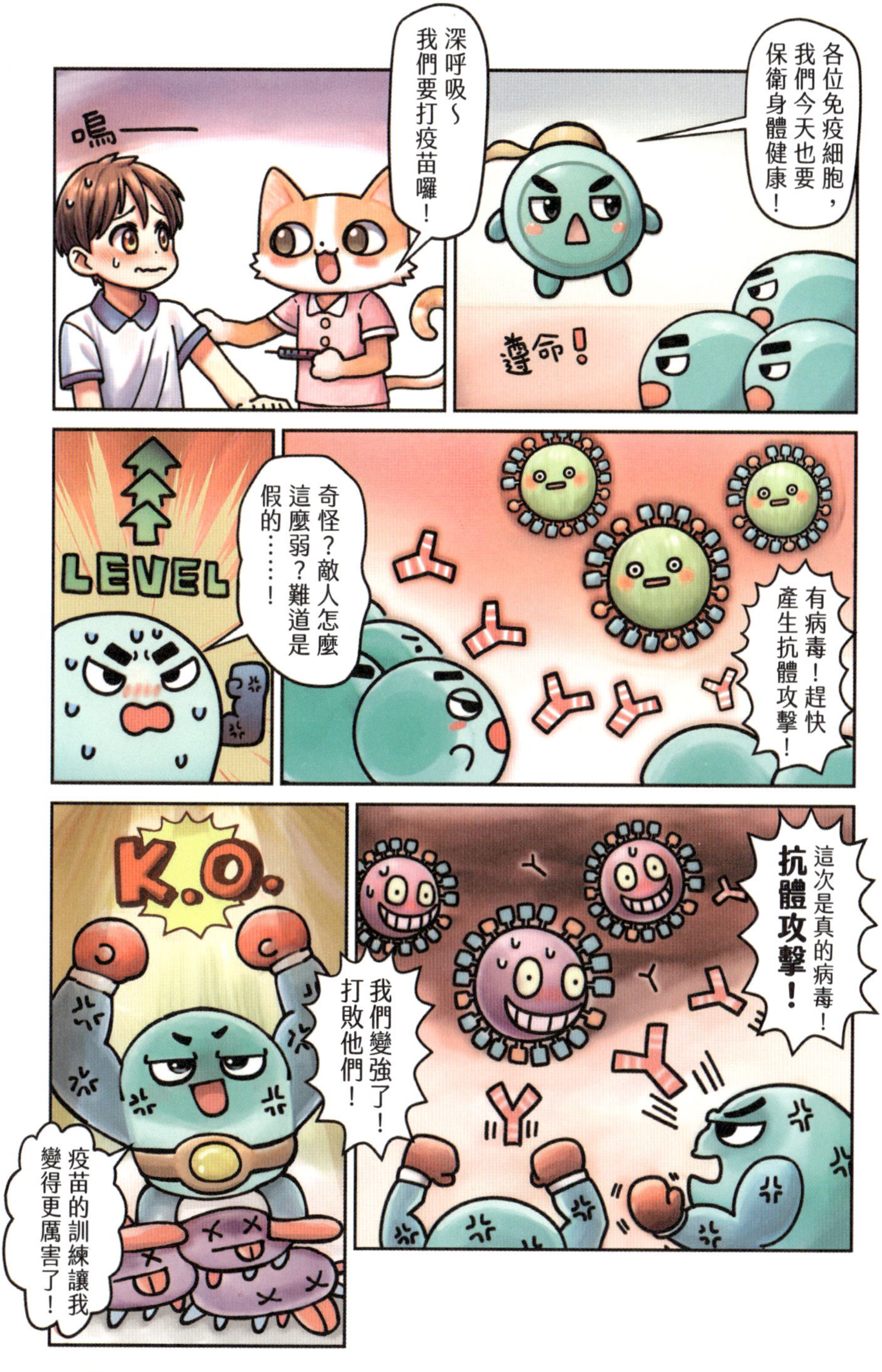
各位免疫細胞，我們今天也要保衛身體健康！
遵命！
深呼吸～我們要打疫苗囉！
嗚——
有病毒！趕快產生抗體攻擊！
LEVEL
奇怪？敵人怎麼這麼弱？難道是假的……！
這次是真的病毒！抗體攻擊！
K.O.
我們變強了！打敗他們！
疫苗的訓練讓我變得更厲害了！

3 隔壁同學感冒了！我也會生病嗎？

當看到隔壁同學不停的打噴嚏、流鼻涕時，很多小朋友都會擔心：「我會不會也生病啊？」感冒就像一位頑皮的小精靈，經常在學校或家裡跑來跑去，悄悄的找人「玩遊戲」。別擔心，讓我們一起來了解感冒是怎麼回事，並且學會如何保護自己吧！

生病是怎麼傳染的？

感冒和流感的病毒就像隱形的小調皮鬼，經常趁我們不注意時偷偷溜進我們的身體裡。它們主要有兩種「傳染路線」：

1. **飛沫傳染**：當生病的同學咳嗽或打噴嚏時，病毒會乘著小水滴飛散到空氣中，如果你剛好吸入，就可能被傳染。

❷ **接觸傳染**：生病的同學摸過的桌子、鉛筆，甚至是門把，都可能帶著病毒。如果你摸了這些東西，再揉眼睛、摸鼻子，病毒就可能溜進你的身體裡。

所以，如果隔壁同學生病了，你是有可能被傳染的，但不用太害怕，我們有很多方法可以保護自己。

怎麼才能不生病？

想要不被病毒調皮鬼找到，下面這些方法可以幫助你：

❶ **勤洗手**：每天洗手可以把病毒從手上洗掉。記得用肥皂和清水，特別是在吃飯前、上完廁所後，或是碰了公共物品後。

❷ **戴口罩**：當學校裡有人生病時，戴上口罩不僅能保護自己，也能防止自己生病時傳染給別人。

❸ **避免摸臉**：很多人不自覺的會摸眼睛、鼻子、嘴巴，但這些地方是病毒

進入身體的「大門」，所以記得少摸臉或揉眼睛喔！

❹ **保持距離**：如果同學正在咳嗽或打噴嚏，試著和他保持一點距離。當然，這不代表要疏遠朋友，可以用更安全的方式表達關心，比如跟他說：「多喝水，早點休息！」

如果開始覺得不舒服了怎麼辦？

有時候，儘管我們很小心，但還是可能中招。當你覺得喉嚨痛，開始打噴嚏或流鼻水時，不用慌張，可以試試下面的方法：

❶ **多休息**：讓身體有足夠的時間恢復，就像給它充電一樣。

❷ **多喝水**：補充足夠的水分，能幫助身體把病毒「沖走」。

❸ **戴口罩**：保護自己，也保護其他同學不被傳染。

❹ **告訴家長或老師**：讓大人知道你的狀況，請爸爸媽媽或老師帶你去看醫師或安排休息。

如果發燒超過三十八度，或者感覺特別疲憊、呼吸困難，就要趕緊去看醫師啦！

病毒怕什麼？

雖然病毒看起來很厲害，但它也有害怕的東西，比如：

1. **肥皂和酒精**：勤洗手和用含酒精的消毒液可以快速消滅病毒。
2. **健康的身體**：每天多運動、吃營養的食物、早睡早起，讓自己的免疫系統強壯起來，病毒就難以入侵了。

做好保暖比較不會感冒？

其實得到感冒跟身體有沒有保暖沒有直接關係，只要接觸或吸入病毒，無論有沒有著涼都是有可能會感冒的！但是當身體著涼時，呼吸道黏膜的血流變少，造成黏膜屏障變弱，以致於病毒會更容易入侵我們的身體，也會造成免疫力變弱喔！另外，感冒以後若是保持身體的溫暖，病毒的繁殖跟擴散會比較慢，因此保暖還是很重要的。

再提醒一次，勤洗手、戴口罩是預防感冒最好的方式喔！

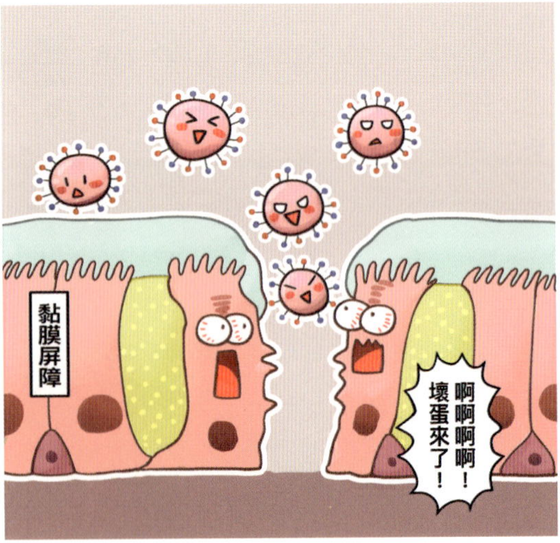

黏膜屏障受傷，細菌病毒入侵

流感和普通感冒有什麼不同？

流感，全名是流行性感冒，聽起來有點嚴肅，但其實就是由流感病毒引起的一種呼吸道感染。

普通感冒就像個頑皮的小孩，讓你流鼻涕、喉嚨癢，但通常幾天就能好。流感則像個大魔王，不但讓你發燒，還會全身痠痛，甚至可能出現更嚴重的併

嗚～～
你感冒了喔？喝點熱的吧！
咳
咳
咳
哈
哈～
ㄚ…
哈—
哇～復活了！
幾天後
咳
咳
哈啾！
對不起我把感冒傳染給你啦……
哈啾！
咳
啊?!
啾！

發症，比如肺炎、心肌炎或是耳朵發炎。普通感冒比較溫和，但流感來得急、症狀重，恢復時間也比較長。如果得了流感，建議趕快看醫師，也要隔離自己，避免傳染給家人和朋友。

流感主要分為A型、B型和C型，A型和B型是最常見的，也是每年冬天流行的主角。你有沒有發現，每年從十一月到隔年的三月，總會看到很多人感冒？這有可能就是流感在作祟啦！

怎麼預防流感呢？

說到流感的防禦武器，第一名絕對是每年一劑的流感疫苗！特別是小朋友和老人的免疫力比較弱，打疫苗能幫助身體提前認識病毒，減少重症風險。疫苗通常在每年十一月開始施打，記得別錯過打疫苗的時間。

打疫苗之外，其他預防方式跟感冒一樣，注意勤洗手、戴口罩，門把、桌椅這些常碰的地方要擦乾淨。生活作息要睡好覺、吃好飯，讓身體保持在最佳狀態，這樣才有體力對抗病毒喔！

得了流感該怎麼辦？

倘若發燒超過三十八度、全身肌肉痠痛，就可能是得了流感。這時候，最重要的是按時吃藥，多喝水，讓自己好好休息。流感期間建議請假在家，避免去學校，這樣既能好好休息，也能避免把病毒傳給別人喔！在家裡，儘量保持空間通風，勤洗手、戴口罩，避免傳染給家人。尤其家裡有小寶寶的人，更要多加小心，儘量不要接觸寶寶，避免把病毒傳染給他們。

如果症狀沒有好轉，出現以下症狀，更是不能等，要趕快去大醫院：

- 發燒（大於三十八度）持續超過三天。
- 出現呼吸困難，或胸口痛。
- 變得一直很想睡覺，甚至叫不醒。

不點醫師的話

只要我們平時多注意衛生習慣，保持健康的生活方式，就可以大大降低被傳染的機會。流感不可怕，只要我們提前做好準備，比如打疫苗、養成良好的衛生習慣，就能輕輕鬆鬆打敗流感大壞蛋。生病時記得好好休息，這樣身體才能快快好起來喔！

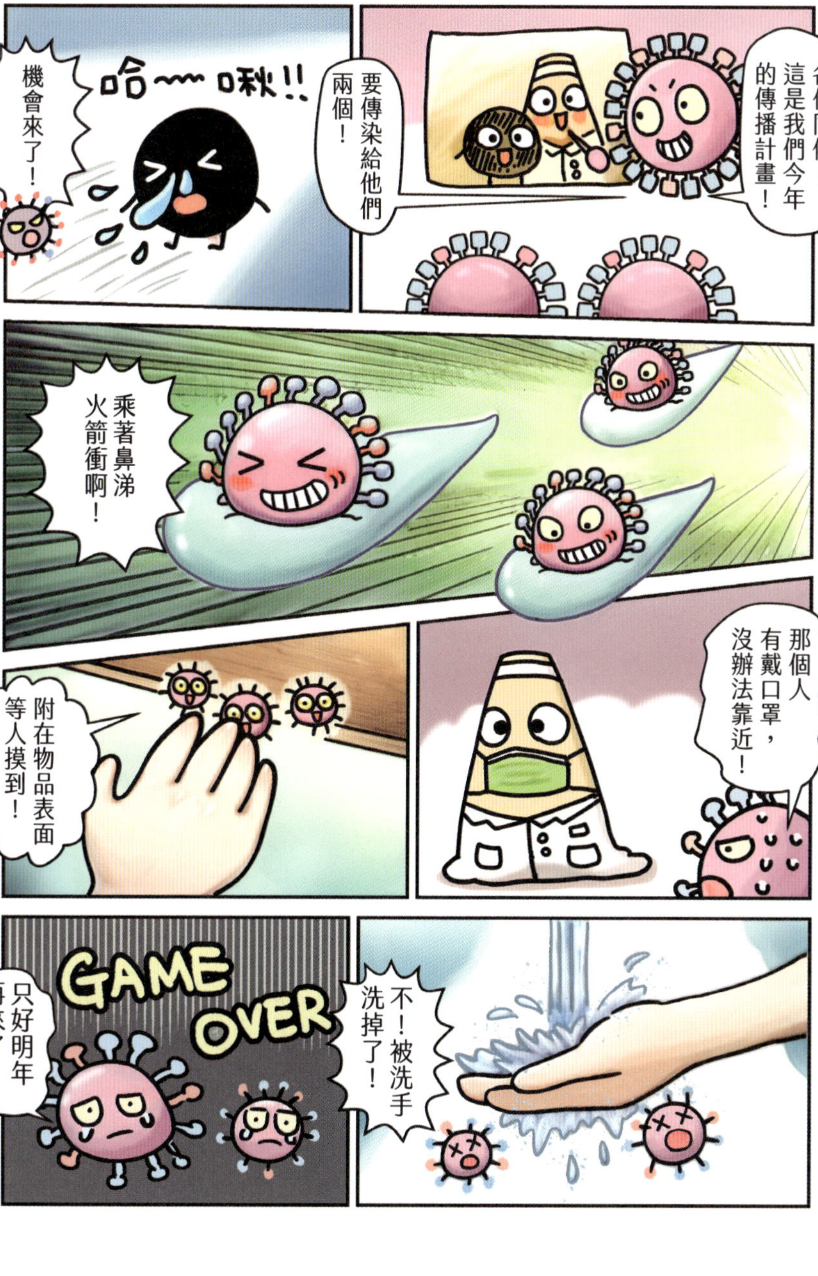
各位同伴！這是我們今年的傳播計畫！
要傳染給他們兩個！
哈~~啾!!
機會來了！
乘著鼻涕火箭衝啊！
那個人有戴口罩，沒辦法靠近！
附在物品表面等人摸到！
不！被洗手洗掉了！
GAME OVER
只好明年再來了……

4 大便塞車了！便祕怎麼辦？

小朋友你知道嗎？我們的大便，就像每天都要出發的一列列火車，沿著大腸這條長長的鐵軌前進。如果一切順利，大便火車會按時抵達「廁所站」，完成它一天的重要任務。但有時候火車會遇到阻塞，怎麼也到不了站，這就是便祕的開始。

為什麼大便火車會塞車呢？

「便祕」是什麼呢？其實就是大便火車的旅程出了問題，比如出發的次數變少了（每週只有兩次或更少），或者路上遇到了太多「硬石頭」（大便變硬），甚至需要用力推才能把火車送出去呢！便祕並不罕見，每十個小朋友裡，可能就有三個曾經有過便祕的困擾喔！

大便火車塞車，原因有很多，比如：

1. **水喝太少：**大便火車需要足夠的「水分燃料」，才能順暢的滑行。如果我們水喝太少，大便就會變得乾硬，腸道黏膜也會比較乾，火車就不容易動了。
2. **蔬菜水果吃得不夠：**蔬菜和水果就像火車的「潤滑油」，它們可以讓大便變軟，幫助火車更輕鬆的前進。沒有它們，大便火車可能會「卡住」。
3. **憋太久不上廁所：**有些小朋友可能因為在學校害羞，不敢上大號。久而久之，大便火車會愈積愈多，最後把整條路都堵住了。
4. **壓力或緊張：**心情不好或者太緊張，就像鐵軌上的障礙物，讓火車無法順利通過。

讓火車順暢通行的小祕訣

其實只要改變一些小習慣，就能讓大便火車每天開心出發啦！

❶ **每天喝足夠的水：**水就像火車的動力來源。每天喝足夠的水，能幫助大便變得柔軟，火車就能輕鬆到站了。特別是早上起來，喝一大杯溫水，就像幫火車「加滿油」，一天都會很順暢！

❷ **多吃蔬菜和水果：**像蘋果、奇異果、紅薯，或者煮熟的菠菜，都是很棒的火車「潤滑劑」。它們富含纖維，能幫助大便更順利的通過腸道喔！

❸ **不要憋大便：**當肚子裡有了信號，提醒你大便火車要出發了，就趕快去廁所吧！如果一直憋著不去，火車可能會愈積愈多，造成「誤點」，讓肚子變得脹脹的不舒服。

❹ **適當運動：**運動增加腸道的血液循環，讓大便火車行駛更有動力！每天跳繩、跑步，或者玩遊戲，都是幫助火車順利行駛的好方法。

❺ **放輕鬆，心情好：**有時候，壓力和焦慮會讓火車卡住。所以，保持開心的心情很重要喔！遇到不開心的事，可以做喜歡的事情放鬆一下。

當大便火車真的塞住了怎麼辦？

若已經有喝很多水、吃足量的蔬菜水果、照常運動，但還是便祕的話，可能就需要醫師的幫助了！醫師會給你建議，或者安排一些治療方法，比如使用幫助大便變軟的藥物，讓大便火車重新啟程。

不點醫師的話

記得每天多喝水、多吃蔬菜水果、定時上廁所、保持好心情，讓你的大便火車永遠不塞車，順順利利到達終點站吧！

大便火車出發啦！目標是廁所！
哇！塞車了！
我是乾掉好幾天的宿便……
水分太少！鐵軌乾裂了！
便祕了，要多喝點水！
也吃點水果吧！
幾天後
大便火車變順暢了！
YA

5 臭臭來敲門！不洗澡不洗頭可以嗎？

小朋友你有沒有過這樣的時候？玩了一整天，覺得累得不想動，回到家只想倒在床上，連洗澡都懶得去。又或者，寒流來了，頭髮好像還乾乾的，心裡就冒出一個想法：「今天不洗頭也沒關係吧？」這樣的念頭看似無害，但如果長時間忽略洗澡、洗頭，臭臭可能就會悄悄來敲門囉！

臭臭是怎麼來的？

我們的身體每天都會分泌汗水，汗水本身其實是沒有味道的，那為什麼有些人會有「體臭」或「頭臭」呢？其實，這是因為汗水和皮膚上的細菌一起搞鬼。細菌會把汗水裡的物質分解，產生一些臭臭的化學物質，比如聞起來「酸酸的」或「悶悶的」味道。

尤其是有些特定部位，比如腋下、腳底，因為汗腺比較多，加上這些地方容易潮溼，細菌喜歡住在這裡，所以這些地方特別容易有味道。如果不常洗澡、不清潔，細菌就會愈來愈多，臭臭的味道也就愈來愈明顯。

不洗澡真的會怎樣嗎？

有些小朋友可能會想：「不洗澡頂多有點味道，沒什麼大不了吧？」但事實上，長時間不洗澡，除了味道變重，還可能引發一些問題喔！

1. **細菌大軍壯大：**身上的細菌如果太多，可能會導致皮膚問題，比如毛囊炎、紅腫，甚至痘痘。
2. **腳底變「酸」地帶：**長時間穿鞋子卻不洗腳，腳底的細菌會和汗水作怪，讓腳臭變得很明顯。
3. **頭皮出狀況：**不洗頭的話，頭皮上的油脂會堆積，可能產生頭皮屑，甚至讓頭皮發癢或發炎。

4 **自己尷尬、別人難受：**臭臭的味道不僅自己聞得到，周圍的朋友也會注意到，這可能影響和大家的互動喔！

怎麼才能讓臭臭不來敲門？

其實，預防臭臭並不難，只需要養成一些簡單的習慣，例如：

1 **每天洗澡：**每天用溫水和肥皂洗澡，可以有效去除皮膚上的細菌和油脂，讓身體保持清新，還會香香的。

2 **頭髮定期清潔：**夏天時，可以每天洗一次頭；冬天如果出汗少，可以每隔一兩天洗一次，保持頭皮乾淨清爽。

3 **勤換衣服：**穿過的衣服會吸附汗水和細菌，所以每天換乾淨的衣服，尤其是內衣內褲，這樣才能避免臭臭停留在身上喔！

4 **保持乾爽：**腋下、腳底這些容易流汗的地方，可以使用吸汗的衣物或襪子，幫助保持乾燥。如果汗特別多，也可以試試一些止汗劑。洗澡的時候，這些部位也一定要加強清潔呢！

❺ **注意飲食內容：**有時紅肉（例如牛肉、豬肉）吃比較多，或是吃到洋蔥、蒜頭等等，也會讓身體的味道變得更明顯喔！

如果已經變成臭臭的要怎麼辦？

萬一臭臭已經來敲門，不用擔心！可以試試看用含有抗菌成分的沐浴乳或洗髮精，可以有效清除身上的細菌。另外，腋下和腳底這些地方，可以用肥皂多洗幾次，避免臭味殘留。但是，如果已經很努力洗澡也改善飲食了，還是特別容易出現臭味，可以請醫師幫忙檢查看看有沒有生病喔！

不點醫師的話

臭臭是身體的求救訊號，它在提醒我們需要好好照顧自己。每天洗澡、洗頭，不僅讓我們乾淨清爽，身邊的朋友和我們相處起來也會更舒服。從今天開始，讓我們一起對臭臭説再見吧！

我去爬山登頂～
好幾天沒有洗澡啦！
你也太臭了吧～
?!
我露營回來了！
咕嚕嚕～～
為什麼不洗澡會臭呢？
啊～真舒服！
聽說西元三千年前的古印度人一天會洗三次澡，健康又衛生呢！
人身上的汗水跟細菌結合以後，分解出來的物質會產生酸酸的臭味。

6 手機看太久，近視怎麼辦？

小朋友們，你們是不是也很喜歡看手機和平板呢？無論是看卡通、玩遊戲，還是和朋友聊天，手機的確是一個超級有趣的工具！但是，你有沒有發現，當你長時間看螢幕時，眼睛會感到痠痠的、有點模糊，甚至有時候頭也會不舒服呢？今天我們要來聊聊「安全健康的手機用法」，讓眼睛不再辛苦，身體也更健康！

長時間看螢幕對眼睛的影響

眼睛是我們探索世界的好幫手，卻也是非常容易受傷的器官！當你看螢幕太久時，眼睛可能會出現以下的問題：

❶ **視力下降，近視找上門：**近視是小朋友中最常見的視力問題之一。當我

們長時間盯著近距離的螢幕（比如手機或平板），眼睛裡的水晶體會持續用力聚焦，久而久之，眼球變長，導致看遠處變得模糊。尤其愈早近視，以後愈有可能變嚴重呢！根據研究，近視的小學生和國中生，平均每年近視度數會增加約一百度，長大還可能發展成高度近視，造成視網膜剝離風險升高（視網膜剝離會讓你看不清楚，甚至看不見）。

❷ **眼睛疲勞與不適：**長時間盯著手機，眼睛裡的小肌肉會不停的工作，導致痠痛、乾澀，甚至頭痛。尤其是在燈光不好的環境下，眼睛更容易感到不舒服。

❸ **影響大腦的正常發育：**過度使用手機會減少我們與世界互動的機會，比如與家人聊天、動手做事情，或進行戶外活動。這些活動對我們的身體及大腦的成長非常重要喔！

怎麼玩手機才不傷眼睛？

手機用得健康，就可以減少對眼睛的傷害。以下是幾個小祕訣：

1. **遵守螢幕時間限制：**每天看螢幕的時間控制在一小時內，並且儘量分次使用，不要一次看很久喔！比如，玩二十分鐘休息十分鐘，讓眼睛有足夠的時間放鬆。
2. **20-20-20法則：**看螢幕二十分鐘後，抬頭看二十英尺（約六公尺）遠的東西，保持至少二十秒，讓眼睛從緊張的狀態中放鬆下來。這個法則大人也適用喔！
3. **保持正確的姿勢和距離**
   - 看螢幕時，眼睛與手機保持至少三十公分的距離。
   - 不要躺著玩手機，而是要背挺直，燈光也要足夠明亮。
4. **多去戶外玩耍：**戶外活動不僅可以讓眼睛放鬆，還能幫助我們看到更遠的地方，減少近視的發生。建議每天在陽光下活動兩～三小時喔！

使用螢幕時間與健康的關係

長時間看螢幕，除了對眼睛不好，也會影響心理的健康。例如我們會：

① **減少與家人和朋友的互動：**當我們沉迷在手機裡，可能會錯過與家人聊天、和朋友一起玩的機會，這對我們的社交能力是不利的。很多話面對面說的感覺，會比單純用手機訊息更能表達真實的想法喔！

② **大腦發展受影響：**科學家發現，長時間看螢幕的小朋友，表達能力和專注力會下降，會影響智力的發展，也會影響未來遇到問題時找出答案的能力。

③ **身體活動減少：**如果每天花太多時間在螢幕上，跑跑跳跳的時間就會變少，身體會變得比較弱，也容易睡不著，甚至會容易發胖呢！

已經近視的小朋友該怎麼辦？

如果你已經近視了，那以下有幾點要特別注意，近視才不會更惡化：

❶ **眼睛要多休息：**和預防近視的方法一樣，螢幕一天不要看超過一個小時，手機、電視、電腦都算螢幕喔！

❷ **常常去戶外活動：**戶外活動可以看高看遠，可以多去公園或爬山，看看遠的地方，不僅可以減緩近視惡化，還可以讓心情變好。

❸ **固定去眼科檢查：**定期檢查視力，確保近視度數沒有快速增加，並且依照醫師建議，配戴合適的眼鏡。

不點醫師的話

小朋友們，手機雖然很好玩，但真正的世界也有很多有趣的地方呢！多出去跑跑跳跳，看看藍天、綠樹和朋友的笑臉，這些都是螢幕裡找不到的美好風景。讓我們一起學會健康用眼，開心探索大世界吧！

手機太好玩了！我要一直玩！
你是誰！
我是手機惡魔～
手機真的很好玩對吧！
再多滑一點會更有趣喔！
就這樣滑到頭腦變笨眼睛看不見吧……
停下來！
手機是工具，不是玩具！
要適當的休息，多看看螢幕外的風景喔！

PART 3

小小冒險家出發！

——外出冒險要注意的事情

1 太陽好大我烤焦了！為什麼會晒黑？

小朋友們，你們喜歡夏天嗎？夏天的陽光明亮又溫暖，大家都喜歡去游泳池玩水，或者到海灘上跑來跑去、晒晒太陽。但是在你換上泳衣準備迎接陽光之前，我們來聊聊為什麼我們會晒黑，以及如何保護自己的皮膚吧！

為什麼會晒黑？

陽光中藏著一種看不見的能量——紫外線。這些紫外線裡，又分成兩種特別的光線，分別叫做UVA和UVB，它們能穿透雲層，直接影響我們的皮膚。

- UVA光線會深入皮膚的底層，刺激一種叫做黑色素細胞的皮膚小兵，讓它們開始製造黑色素，於是我們的皮膚就會變黑，這就是我們晒黑的原因。

・UVB光線會灼傷皮膚的表層（也就是表皮），這就是我們常說的晒傷。

黑色素是皮膚保護自己的武器，它會讓皮膚變深，減少被晒傷的可能性。皮膚比較深的人黑色素更多，所以他們更容易晒黑，不太會晒傷。但要記住，就算不容易晒傷，也不代表完全不會受到傷害，像皮膚癌和其他皮膚問題仍然可能發生。

晒黑的壞處

晒黑其實是皮膚用來保護自己的方式，就像給自己穿上黑色的盾牌，但如果我們晒太多、晒太久，可就不是好事了！UVA光線除了會讓我們晒黑，同時也可能傷害我們的皮膚。

這種光線非常厲害，能穿透皮膚的表層，一直深入到真皮層，甚至影響到血管和神經。如果我們長期暴露在這些光線下，皮膚不僅會變得乾乾的，甚至還會脫皮，會慢慢變老；它還會損害我們的免疫系統，讓我們更容易生病。最嚴重的是，它還可能引發一種叫做黑色素瘤的皮膚癌——這是一種很嚴重的疾病。

紫外線除了會深入皮膚底層，甚至連眼睛也可能受到影響，若紫外線長時間直接照射眼睛，有可能導致白內障等病變，這本來是老年人才會有的，但如果不保護自己，年輕時就有可能發生。

保護皮膚的方法

我們不需要躲避陽光，但一定要學會怎麼保護自己，來看看怎麼做吧：

❶ **防晒乳是我們的好朋友：**每次出門前，都要擦上防晒乳，選擇SPF30或更高的，能防護UVA和UVB的防晒乳最好。記得每隔一個半小時到兩小時重新擦一次，尤其是游泳後或流汗很多時，更要注意補擦。防晒霜較滋潤，適合乾性肌膚；防晒乳較清爽，適合油性肌膚。

除了選擇適合自己膚質的防晒產品，重點是足量塗抹並定時補擦，才能有效防護喔！

❷ 遮陽帽和太陽眼鏡：戴上一頂有帽沿的帽子，保護臉部和脖子，還有一副防紫外線的太陽眼鏡，保護我們的眼睛，這樣就不怕陽光直射了。

❸ 避免正午的陽光：中午的陽光最強，上午十點到下午兩點在比較陰涼、陽光不會直射的地方玩耍，或在室內休息，減少紫外線對皮膚的傷害。

❹ 注意反射光：除了陽光直射，水面、沙子、甚至雪地都會反射紫外線，所以在海邊或滑雪時，也要記得擦防晒乳喔！

不點醫師的話

擦防晒乳的時候，想像你在為皮膚穿上隱形的防護衣，就像勇敢的冒險者準備迎接陽光的挑戰一樣。只要做好準備，你就能快樂的享受陽光，而不怕受傷喔！

夏天到了！
陽光！沙灘！海水！
你在做什麼？
我在擦防晒乳呀！保護皮膚不要被紫外線傷害。
紫外線分成UVA跟UVB兩種：
UVB
UVA
角質
表皮
真皮
黑色素
UVA會讓皮膚變黑
UVB會讓皮膚晒傷
戴帽子、撐陽傘等物理防晒也可以保護皮膚。
這樣的話就完全不用怕太陽了吧！
感覺會先中暑？

2 冬天癢癢怪出沒，怎麼打敗它？

冬天到了，冷冷的風呼呼的吹，暖暖的暖氣嗡嗡的開，可是你有沒有發現，這時候「癢癢怪」也悄悄找上門了？小手臂、膝蓋後面，甚至脖子都忍不住要抓一抓。尤其是有溼疹或異位性皮膚炎的小朋友，癢癢怪簡直就像黏著糖果的螞蟻，怎麼甩都甩不開！那麼，為什麼冬天癢癢怪會特別活躍呢？今天就讓我們一起揭開它的祕密，學會打敗它的方法吧！

癢癢怪是怎麼讓我們癢的？

癢癢怪其實是我們皮膚裡的「C型神經纖維」被刺激後的感覺！這種神經纖維專門負責傳遞「癢癢信號」，當皮膚乾燥或受到刺激時，這些纖維就會活躍起來，讓我們覺得癢癢的。奇怪的是，抓一抓不但無法趕走癢癢怪，反而會讓它變得更活躍！因為抓癢的動作會進一步刺激神經纖維，讓癢感加倍，甚至抓破皮後還可能引來「細菌大軍」，造成傷口感染。

為什麼冬天癢癢怪特別多？

冬天的氣候對癢癢怪來說簡直就是天堂。室外冷冷的風和室內暖氣都讓空氣變得乾燥，皮膚的保護層——也就是皮脂膜，容易受損，無法鎖住水分。皮脂膜是皮膚表面的一層天然保護膜，由皮脂、汗水和角質細胞代謝物混合形成。它能幫助鎖住水分、維持皮膚彈性，同時可以抵擋細菌侵入我們的身體。皮脂膜被破壞，會讓皮膚變乾燥敏感。當皮膚乾裂，癢癢怪就會趁虛而入，趕也趕不走。如果你本來就有溼疹或異位性皮膚炎，皮膚屏障的保護力比較弱，癢癢怪就更容易找到機會啦！

怎麼打敗癢癢怪？

想要對付癢癢怪，以下這幾個方法是「打怪祕笈」，趕快記下來：

1. **保溼是關鍵！**洗澡後擦完身體，趁皮膚還有點溼溼的時候，立刻擦上保溼乳液，這樣可以幫助皮膚鎖住水分，讓癢癢怪無法逞兇。選擇含有尿素、神經醯胺或玻尿酸的乳液，效果會更好。
2. **洗澡別太熱、時間別太長：**水溫控制在三十七～四十度，洗澡時間別超過十到十五分鐘。過熱的水會破壞皮脂膜，讓皮膚變得更乾，給癢癢怪開了大門。
3. **多喝水，內外都保溼：**冬天皮膚乾，不光是體外要保溼，身體內部也需要水分。多喝水，才能從內到外變得水噹噹，趕跑癢癢怪。
4. **衣服要選對材質：**毛衣摸起來暖呼呼，但粗糙的毛料會磨擦皮膚，讓皮膚變得更不舒服。選擇柔軟的棉質衣服，讓皮膚更自在。
5. **千萬不要抓！**愈抓愈癢，還可能抓破皮，甚至引起細菌感染。如果實在癢得受不了，可以輕輕拍打皮膚來舒緩，或者請醫師給止癢藥膏。

❻ 保持室內溼度：冬天開暖氣時，可以使用加溼器，讓室內溼度保持在四十%～六十%之間，皮膚就不會那麼容易乾裂。

癢癢怪抓不住怎麼辦？

如果做了這麼多，癢癢怪還是天天來騷擾，可能有更複雜的問題喔！例如溼疹、乾癬，甚至身體其他系統的問題，都有可能造成皮膚癢。這時候就需要找皮膚科醫師幫忙，檢查一下是不是有更進一步的原因喔！醫師還可以提供適合的治療，比如抗組織胺藥物、類固醇藥膏或其他藥物等等。

不點醫師的話

冬天的癢癢怪雖然煩人，但只要勤做保溼、洗澡時注意水溫和時間、穿對衣服，還有保持室內溼度，就可以讓癢癢怪遠離你的皮膚！如果癢到影響生活，記得找醫師幫忙，別讓癢癢怪影響你的好心情喔！

冬天真是好冷～
在暖氣房裡最棒了！
到了夜晚
皮膚好癢！
抓 抓 抓
你怎麼了?!
真的太癢……
皮膚癢一直抓會破壞皮膚表層，導致愈抓愈癢喔！
還可能因為抓出傷口造成細菌感染！
嘿嘿….
要適當的保溼，有需要時可求助醫師幫忙喔！
保養中

3 蚊子忍者嗡嗡嗡！被叮得滿頭包怎麼辦？

夏天的夜晚，輕風徐來，月亮靜靜掛在天邊，一切都應該很美好。可是，突然間，你聽到「嗡嗡嗡」的聲音，吵得你睡不著覺。沒錯，蚊子大軍來了！牠們像忍者一樣，悄悄飛來，趁你不注意，吸一口血，然後留下又紅又癢的小包。是不是很討厭呢？

今天我們就來聊聊，如果你被蚊子叮得滿頭包該怎麼辦？還有，有沒有辦法，讓這些可惡的小忍者遠離我們？

蚊子的祕密武器：唾液

蚊子吸血的時候，牠們會偷偷在你的皮膚上注入一點「唾液」。聽起來有點奇怪對不對？但對蚊子來說，這些唾液很重要，因為它能讓血液不會馬上凝固，方便牠們吸血，而蚊子的唾液裡有一些蛋白質，會讓我們的皮膚覺得「不行！這是入侵者！」於是身體就啟動了防禦機制。結果呢，叮咬處就又紅又癢，有時候還會腫起來。

被叮了怎麼辦？

即使有了萬全準備，有時候還是難免被叮到。這時候最重要的規則是：千萬不要抓！抓破了皮膚，可能會讓傷口變得更糟，甚至會感染細菌。

不能抓，但癢得受不了該怎麼辦呢？我們可以試試以下的方法：

1. **冰敷：**用冰塊輕輕敷在被咬的地方，能幫助減少腫脹和癢感。
2. **藥膏幫助：**塗一點含有止癢或消炎成分的藥膏，可以好得更快。
3. **觀察傷口：**如果發現叮咬的地方腫得很厲害，紅得像小山一樣，趕快跟大人說，可以請爸爸媽媽帶你去找醫師檢查喔！

蚊子的「忍者」特點

為什麼蚊子總是叮你呢？這是因為蚊子喜歡以下幾樣東西：

❶ **體溫高的小朋友：**跑來跑去玩得大汗淋漓的小朋友，對蚊子來說就像一頓美味大餐。

❷ **甜美的氣味：**蚊子對我們的汗味、呼出的二氧化碳都很敏感。所以，剛運動完，或者吃了甜食後，蚊子可能更喜歡靠近你。

❸ **夜晚的燈光：**在燈光下玩耍的小朋友，也是蚊子容易發現的目標。

怎麼防止蚊子靠近？

想要避免被蚊子咬，可以試試以下方法：

❶ **使用防蚊液：**可以在手臂、腿上塗上適合兒童的防蚊液。含有派卡瑞丁（Picaridin）或天然檸檬桉（Lemon Eucalyptus）成分的防蚊液，對蚊

子很有效，而且安全。塗抹的時候要避開嘴巴跟眼睛。

❷ **穿長袖衣服和長褲：**晚上在公園玩耍時，穿上輕薄的長袖衣服，蚊子就不容易碰到你的皮膚了。

❸ **安裝防蚊網：**在家裡的窗戶上安裝防蚊網，或者睡覺時用蚊帳，這樣可以有效防止蚊子飛進來。

❹ **避開蚊子的活動時間：**蚊子最活躍的時間是黃昏和黎明。如果可能，這段時間儘量待在室內，或者做好防護。

❺ **消除蚊子的繁殖地：**蚊子喜歡在積水裡產卵，比如花盆底部的水、廢輪胎裡的水。所以，記得和家人一起清理這些地方，讓蚊子無法繁殖。

不點醫師的話

小朋友們，蚊子雖然討厭，但我們有很多辦法可以對付牠們！防蚊液、長袖衣服和防蚊網是我們的好幫手。如果被叮了，記得冰敷、塗藥膏，不要把自己抓破皮喔！用聰明的方法對抗蚊子，就能安心快樂的享受夏天啦！

嗡嗡
嗡嗡
嗡嗡
嗡嗡嗡♪
嗡嗡嗡♪
蚊子多響亮♫
啊!
閃溜~
吵死了!
嚇死!
滿頭包~
我有吸引蚊子的體質……
啊!我想到了!
全身包起來再塞耳塞就OK啦!
....
隔天
真的有效耶!
結果蚊子都跑來找我了……

4 好想吃零食！認識食物中隱藏的危險角色

小朋友們，有沒有發現有時候肚子餓了，手就不自覺伸向糖果盒或零食袋呢？零食和飲料就像小怪獸，時不時誘惑著我們。不過你知道嗎？這些小怪獸裡可能藏著一些讓我們身體不開心的東西喔！今天就來和大家聊聊零食飲料裡的「隱藏危險」，以及如何讓身體開心又健康吧！

危險角色之一：咖啡因

「小朋友不能喝咖啡」這句話大家一定聽過，但為什麼呢？咖啡因這種成分，像個讓人提神的小精靈，能趕走睡意、讓腦袋變得清醒，也有人說考試前喝杯咖啡，可以幫助思考。但咖啡因藏在哪裡呢？除了咖啡，它還躲在茶、巧克力、可樂、甚至能量飲料裡！

咖啡因對小朋友的影響

❶ **影響睡眠：**咖啡因會讓小朋友晚上睡不著，深度睡眠不夠就可能影響腦部和身高的發育。

❷ **容易上癮：**含咖啡因的飲料喝多了，可能會讓人愈喝愈想喝，甚至不喝的時候會覺得沒精神、頭痛。

另外，科學家建議，兒童每天攝取的咖啡因含量，不要超過每公斤體重二・五毫克。一罐可樂就有二十毫克咖啡因，而一杯中杯拿鐵甚至可能有一百毫克以上呢！

危險角色之二：含糖飲料與高熱量零食

含糖飲料像可樂、奶茶，和零食如洋芋片、糖果，這些聽起來很好吃的食物，其實是會偷偷傷害我們身體的小怪獸！

為什麼這些食物不好？

1. **容易變胖：**含糖飲料和高熱量零食熱量很高，多吃多喝，就會讓體重不知不覺增加。
2. **營養不均衡：**吃太多加工的含糖零食，會導致天然且營養的食物吃不下，造成身體缺乏重要的營養素，像是鈣、鐵、維生素等。
3. **影響健康：**太多糖分不僅對牙齒不好，還會增加罹患糖尿病或其他疾病的風險。

健康又開心的小妙招

1. **選擇健康零食：**用水果代替糖果、堅果取代餅乾，營養又美味。
2. **控制咖啡因：**避免喝能量飲料，可樂要少喝，選擇飲料前先看標籤上的咖啡因含量。
3. **減少含糖飲料：**喝白開水或無糖飲品，或用水果打成果汁當代替品。

4 **規律飲食：**三餐正常吃，早餐吃好，零食是偶爾的小點心。

不點醫師的話

零食和飲料這些小怪獸雖然很誘人，但記得要看清楚裡面的成分，適量享用才是關鍵。讓我們一起吃得健康，喝得開心，身體才能天天笑咪咪喔！

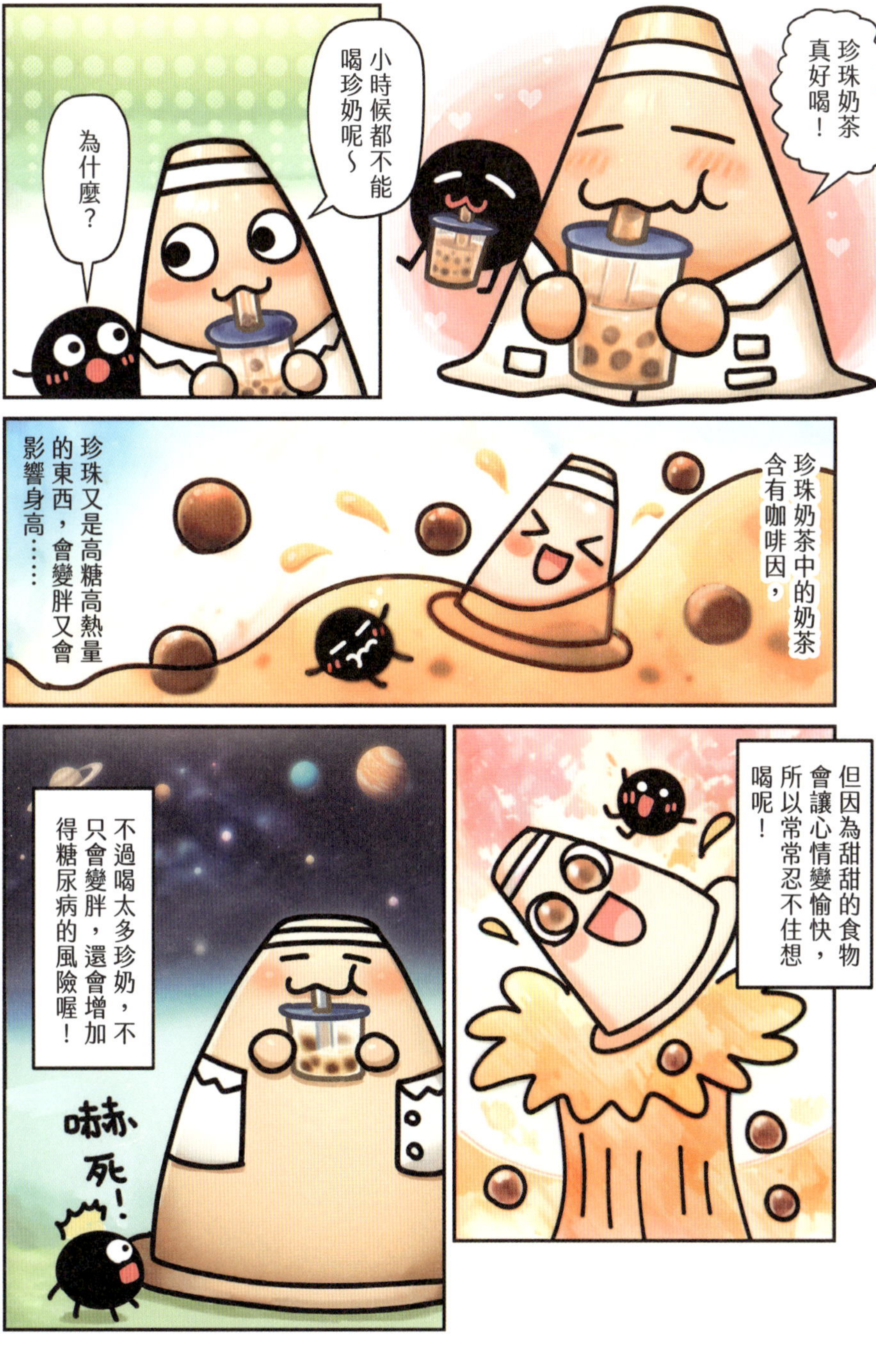
珍珠奶茶真好喝！
小時候都不能喝珍奶呢～
為什麼？
珍珠奶茶中的奶茶含有咖啡因，
珍珠又是高糖高熱量的東西，會變胖又會影響身高……
但因為甜甜的食物會讓心情變愉快，所以常常忍不住想喝呢！
不過喝太多珍奶，不只會變胖，還會增加得糖尿病的風險喔！
嚇死！

5 跑跳受傷了！扭傷該怎麼辦？

小朋友，你是不是也喜歡在操場上跑來跑去、跳來跳去呢？有時候一不小心腳踩到了小石頭，腳踝「喀」一聲就扭到了！哎呀，那可真是又痛又不舒服呢！今天，讓我們一起來學習，當腳踝扭傷時該怎麼辦才好？

腳踝扭傷是什麼？

腳踝就像讓家裡的門轉動的門軸一樣，能讓我們的腳靈活的轉動，還能幫助我們保持平衡。可是，如果我們跑得太快、跳得太高，或著不小心踩到了什麼，腳踝用力歪到一邊，就可能會扭傷。

腳踝裡有一種叫「韌帶」的構造，它們像橡皮筋一樣，負責把骨頭穩穩的連在一起。如果這些橡皮筋被拉得太用力，就會受傷，讓腳踝變得又疼又腫，這就是我們說的「扭傷」啦！

扭傷會有多嚴重呢？

腳踝扭傷有分成三種程度：

❶ **輕輕扭了一下（輕度）：**韌帶只是稍微被拉了一下，會有一點點腫、微微痛，但還能走路，也可以繼續玩。不過還是要小心，別跑步或跳得太用力，要讓腳休息一下。

❷ **有點嚴重了（中度）：**韌帶有一部分受傷了，腳踝可能會很腫，可能會有瘀青，走路也很痛，不能跑跳啦！這時候，得好好參考後面寫到的方法來照顧腳踝，讓它慢慢恢復。

❸ **哎呀，很嚴重！（重度）：**韌帶整個斷了，腳踝又腫又痛，完全不能動，也沒辦法走路。這種情況需要馬上去醫院，請醫師幫忙治療喔！

扭傷了該怎麼辦呢？

如果不小心扭到腳踝，別擔心，有一個簡單的小祕訣可以幫助我們！它叫做ＲＩＣＥ，不是米飯喔，而是四個英文單字的縮寫：

- **R（Rest）休息：**停下來別再跑跳了，讓腳踝好好休息。
- **I（Ice）冰敷：**用毛巾包著冰塊，敷在扭傷的地方，每次十五分鐘，幫助消腫。記得，冰敷的時間不要太長喔！
- **C（Compression）壓迫：**用彈性繃帶輕輕的包住腳踝，這樣可以防止腫得太厲害。
- **E（Elevation）抬高：**坐下來，把腳抬到比心臟高一點的地方，比如放在椅子上，這樣也能幫助消腫喔！

如何避免再次扭傷呢？

小朋友，腳踝扭傷後，要記得讓它好好休息，等完全好了再去跑跳！等不再紅腫疼痛後，可以試著做一些簡單的活動，讓腳踝變得更強壯、更穩定，這樣才不容易再次受傷。例如：

- 順時針、逆時針轉轉腳踝，各轉十次，讓腳踝活動開來。
- 把受傷的那隻腳伸直，另一隻腳彎起來，身體彎腰向著伸直的腳，伸展小腿，讓緊繃的肌肉放鬆。
- 當腳踝恢復得差不多時，可以試著單腳站立，一次五～十秒。
- 練習用腳尖走路、或是用足跟走路，讓腳踝變得更靈活！

只要每天練習一點點，腳踝就會變得更強壯。此外，運動時記得穿穩固的鞋子，避免滑倒喔！

小提醒

如果腳踝扭得很厲害，腫得像包子一樣，或者完全不能走路，記得一定要去看醫師！醫師會檢查你的腳看有沒有骨折，並告訴你最好的治療方法。

不點醫師的話

腳踝扭傷時，別害怕，按照RICE的步驟，讓腳休息一下，就能讓它恢復得更快喔！跑跳雖然好玩，但也要小心別再受傷了！

YYY——
韌帶受傷
啊！
我發票中了兩百塊！
冰塊來了！
冰敷可以消腫，要好好休息喔！
腳扭到了好痛喔！
用繃帶壓迫避免腫脹得更厲害。
頭低腳高，可以幫助消腫喔！
放我下來～
?!

6 小屁屁的「不速之客」！什麼是蟯蟲？

蟯蟲是寄生在人體腸道的小小「入侵者」，又叫「糞口蟲」。它們白白細細的，長度大約是〇．二到〇．八公分，靠吃我們的腸道食物和血液生存。

蟯蟲的蟲卵可是超有韌性，能在環境中存活二到三週。當你用沒洗乾淨的手抓東西吃、啃手指，或是不小心吸入帶有蟲卵的空氣，就可能中招！蟲卵進入體內後，會在胃和十二指腸孵化，三十到四十五天內變成大腸裡的小蟲蟲。夜晚，雌蟲會偷偷爬到屁屁口產卵，一次能生下一到兩萬枚蟲卵，聽起來是不是有點可怕呢？

中了蟯蟲，屁屁會怎樣？

感染蟯蟲後，最常見的症狀是屁屁搔癢，尤其是在晚上睡覺時，蟲媽媽

「出動」產卵，讓你癢到睡不著！其他可能的狀況還包括：

- 屁屁周圍紅腫發炎。
- 肚子痛。
- 吃不下東西。
- 小蟲可能直接「現身」在屁屁周圍（Oh my God :)。

如何檢查屁屁裡有沒有蟯蟲？

檢查蟯蟲簡單又有效的方法就是「透明膠帶檢查法」：

1. 早上起床後，別急著上廁所或洗澡，撕開膠帶的黏黏部分。
2. 將膠帶輕輕貼在屁屁口，按壓五下，收集蟲卵。
3. 把膠帶對折，放進檢查袋。
4. 醫檢師會用顯微鏡幫你找找「小蟲的痕跡」。

如果小朋友晚上癢得抓不停，建議連續檢查兩天，這樣更準確！

怎麼預防屁屁裡長蟲？

防止屁屁變成蟲蟲「俱樂部」，日常一定要做到：

1. **飯前洗手、摸地板後也要洗手：**指甲縫最容易藏蟲卵，要特別洗乾淨！
2. **勤剪指甲**，不咬手指、不啃指甲，蟲卵才不會有機可乘。
3. **別用手抓屁屁：**如果癢癢的，記得告訴爸爸媽媽幫忙處理。
4. **保持玩具和家裡清潔：**蟲卵最愛藏在髒髒的地方！

不小心被蟯蟲盯上，怎麼辦？

如果真的感染了蟯蟲，不用擔心！醫師會開 **Mebendazole** 藥給全家人一起服用，因為蟯蟲可是個「愛傳播的鄰居」，只要有一個人發現感染，很大機率全家人都已經中招了！

1. **第一次的療程：**殺掉屁屁裡的成蟲。
2. **兩週後第二次療程：**專門消滅那些偷偷孵化的新成蟲。

除了吃藥以外，大家還需要：

- 每天早上洗熱水澡，把屁屁上的蟲卵洗乾淨。
- 用熱水清洗被單、衣物、內衣褲和玩具，殺掉可能殘留在家裡的蟲卵。
- 勤洗手，防止蟲卵再一次「回到屁屁」。尤其飯前一定要洗手喔！

不點醫師的話

蟯蟲感染聽起來是不是又麻煩又可怕呢？但做好個人清潔，尤其是勤洗手和剪指甲，就能輕鬆避開這場屁屁危機！一起保護屁屁健康，讓全家安心無蟲！

路障小時候
玩沙超開心！
吃東西前要洗手，不然會生病！
ymm...
到了夜晚……
路障的屁股
我是蟯蟲！
我在屁股裡產了好多卵喔！
我會不會長蟯蟲了?!
屁股好癢
趕快屁股黏貼紙檢查吧！
路障長大後
一定要勤洗手、定期修剪指甲，不然吃到蟯蟲後果很可怕喔！
叩噗？

7 腸胃炎報到！吃壞肚子怎麼辦？

嗨，小朋友！每次過年過節，吃吃喝喝最開心，但如果吃了不乾淨的東西，肚子卻可能會抗議，甚至「大爆炸」！這就是我們今天要說的腸胃炎，一起來認識它，學會怎麼保護好自己的腸胃吧！

腸胃炎是什麼？它怎麼來的？

腸胃炎是腸胃的發炎現象，通常是因為我們不小心吃了不乾淨的食物，或是手沒洗乾淨就用餐，讓病毒或細菌跑進了肚子裡作怪。大部分的腸胃炎是因為病毒感染造成的，特別是吃了受汙染的食物或水。這些小壞蛋會攻擊腸胃，讓它們很不舒服！

腸胃炎有什麼症狀？

腸胃炎最常見的症狀是：

❶ **拉肚子**：一天跑廁所超過三次，而且便便軟軟或水水的。

❷ **嘔吐**：吃的東西一下子就像彩虹一樣跑出來了。

❸ **發燒**：身體覺得燙燙的，但卻又會忽冷忽熱。

這些症狀通常會持續三到七天，但不用怕，大部分人都能慢慢好起來喔！

腸胃炎怎麼照顧自己？

如果你發現自己肚子不舒服，可以試試以下方法：

❶ **補充水分很重要！**

- 拉肚子和嘔吐會讓身體流失很多水分，所以一定要多喝水。

- 可以喝一些電解質水，例如運動飲料跟水一比一稀釋，幫助補充身體需要的鹽分和礦物質。

2 吃東西不用害怕！

- 雖然肚子不舒服，但別完全不吃東西。可以吃一些容易消化的食物，比如白飯、吐司、香蕉、水果泥等等，幫助腸胃慢慢恢復。
- 記住！避免高糖、高油或太辣的食物，這樣肚子會更快好起來。

3 別忘了休息！

- 身體需要時間打敗那些搗亂的病毒和細菌，好好休息能幫助你更快康復。尤其充足的睡眠很重要喔！

什麼時候需要看醫師？

有時候，腸胃炎可能會嚴重到需要醫師的幫助。如果你發現自己無法喝水或完全吃不下東西，同時嘔吐或拉肚子得很厲害，身體變得非常虛弱，甚至覺得頭暈目眩，這時要趕快尋求醫師幫助喔。

另外，當你發現自己的尿尿顏色變深、尿尿的量變少、加上嘴巴覺得乾乾的，甚至眼睛看起來有些凹陷，這些都是身體「缺水」的徵兆。如果發現這些情況，千萬不要忽視，要趕快去看醫師，甚至要在醫院打點滴補充水分，才能更早恢復健康！

如何預防腸胃炎？

小朋友如果你想要保護自己的腸胃健康，平時可以做到以下幾點：

1. **飯前、上完廁所後記得洗手**：用肥皂和清水洗得乾乾淨淨，避免吃到手上的病菌。
2. **吃乾淨的食物**：不要吃不新鮮的生肉或生雞蛋，也不要喝沒煮開的水。
3. **注意餐具衛生**：用餐時，自己的碗筷最安全，使用完要清洗乾淨。

不點醫師的話

腸胃炎其實不難對付，只要記得補充水分、適當補充營養跟電解質，好好休息，身體就會慢慢恢復健康！最重要的是，平時一定要養成洗手跟清潔環境的好習慣，讓那些病毒細菌沒機會找上你！

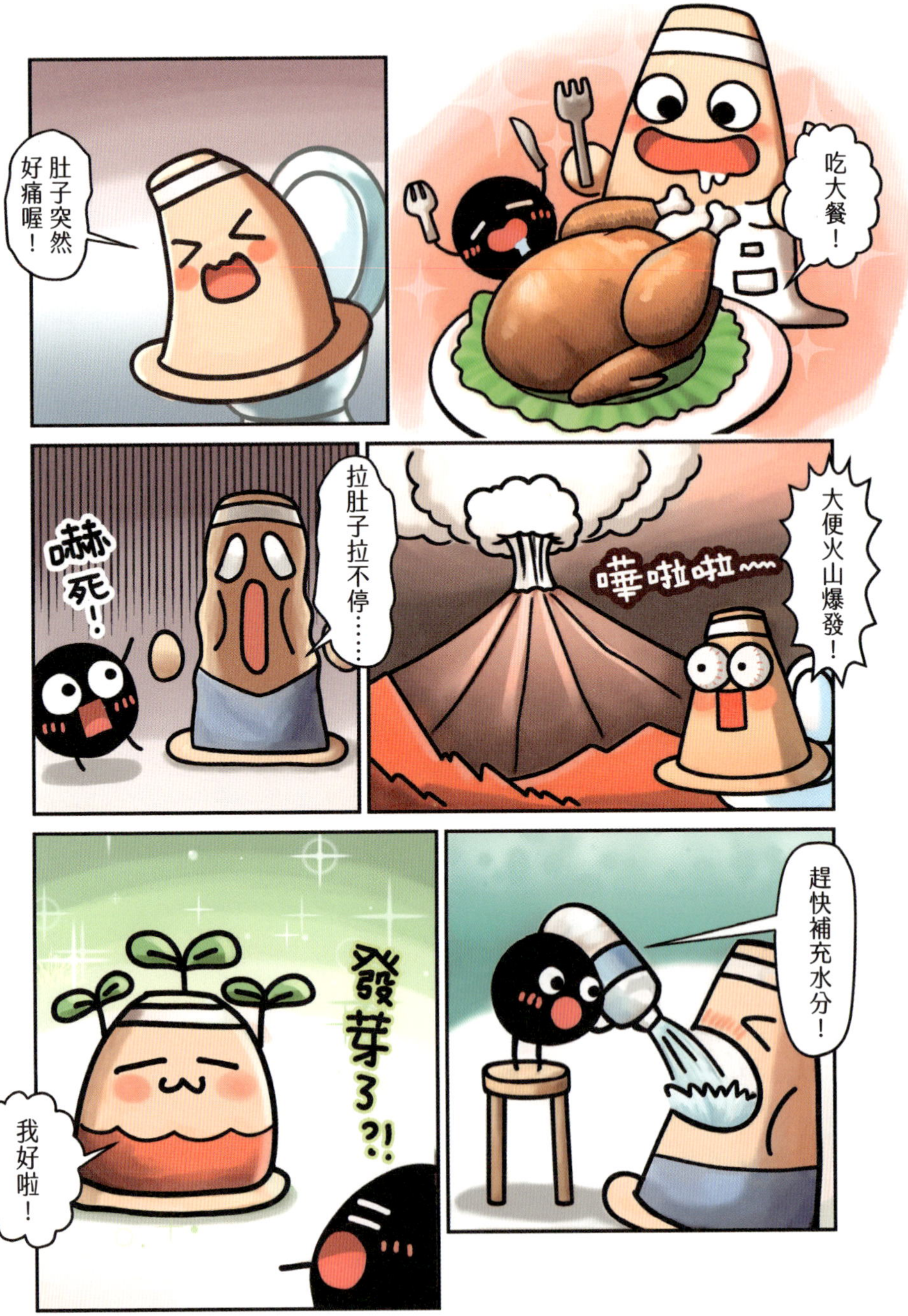
吃大餐！
肚子突然好痛喔！
大便火山爆發！
嘩啦啦～
拉肚子拉不停……
嚇死！
趕快補充水分！
發芽了?!
我好啦！

PART 4

我要變大樹！

——長高長大的祕訣

1 我想要長高高！長高的魔法是什麼？

小朋友們，你們是不是也好奇，怎麼樣才能長得又高又健康呢？其實，長高可是一門小魔法，和身體裡的「生長板」有很大的關係。今天，我們就一起來探索長高的祕密，看看有哪些好習慣可以幫助我們變成「高個子小巨人」吧！

為什麼會長高呢？

小朋友的骨頭兩端有一個叫「生長板」的構造，它是透明的軟骨，像一個盤子一樣，專門負責製造新的細胞，讓骨頭變長。當骨頭變長，我們的身高就會慢慢增加啦！不過，生長板不是一直打開的喔，大概到十六歲左右，它就會「閉合」，這時候就不會再長高了。而我們大腦裡的一個小工廠——腦垂腺會分泌一種叫生長激素的物質，生長激素就像是「長高魔法」，這種魔法不只幫助我們長高，還會讓身體細胞不停更新，讓我們變得更健康。

是什麼影響了我們的身高？

▼身高＝遺傳＋後天環境

你的身高一部分是由爸爸媽媽給的基因決定的，但後天的努力也很重要！

- **身高的遺傳公式**：

  男生的預測身高＝（爸爸身高＋媽媽身高＋13）÷2

  女生的預測身高＝（爸爸身高＋媽媽身高－13）÷2

- **後天原因**：飲食、運動、生活作息等習慣，能幫助你的「生長板」工作得更好更棒，讓你抓住長高的每個機會！

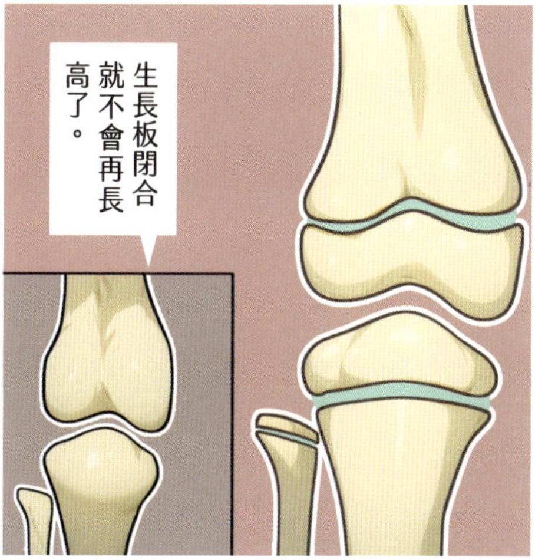

生長板是骨頭末端的軟骨區，透過細胞分裂與鈣化讓骨頭變長，幫助小朋友長高。

運動真的能幫助長高嗎？

當然可以！運動有兩大魔法可以幫助長高喔！

1. **生長激素分泌變多**：跳躍、跑步等運動能讓身體分泌更多的生長激素。
2. **刺激生長板，讓它更有活力**：做跳躍等動作的時候，你的膝蓋和腳踝的生長板會受到「溫柔的壓力」，這能幫助生長板更活躍。

哪些運動適合長高？

可以幫助長高的運動有很多種！可以試試以下這些運動：

1. **慢跑、跳繩、騎腳踏車**：這些運動不會太累又對身體很好，他們會刺激生長板讓你長得更高。
2. **跳躍運動**：有跳躍動作的運動都適合長高！在家裡的天花板上掛一根繩子，每天對著它跳五十到一百下，既簡單又有趣。若家裡地板不適合跳躍，也可以練習邊跳邊丟籃球，既可以長高又可以玩球呢！

❸ **避免過重的訓練**：舉重運動會對生長板造成太大的壓力，要量力而行。

要怎麼產生更多的生長激素，讓長高魔法變更強大呢？

你的身體是個精密的工廠，如果你好好保養它，它會運作得更好：

❶ **少吃甜食**：糖分會阻止生長激素分泌，讓長高的速度變慢。吃太多糖還可能讓你變胖，增加性早熟的風險，也讓生長板提早閉合。

❷ **早睡早起**：生長激素在熟睡時分泌會達到高峰！晚睡、熬夜會讓你錯過成長黃金期。

❸ **均衡飲食**：多補充蛋白質（像雞蛋、魚肉、豆腐），讓身體充滿充足的營養。另外，每天喝兩～三杯牛奶，可以補充鈣質，幫助骨骼變長變強。除了牛奶，也可以吃優格、起司。

怎麼樣才算充足的睡眠呢？

想長高，睡覺可不能馬虎！高品質的睡眠 ＝ 長高魔法的關鍵：

❶ **每晚至少睡滿九小時**：小學生每晚至少要睡九到十一小時，國中以後至少每晚要睡八小時！這樣才能有更多的「生長激素分泌循環」，讓身體在睡覺的時候咻咻咻的長高！因此，小學生最晚九點前要上床睡覺。

❷ **關燈睡覺**：開燈會抑制睡眠魔法（褪黑激素），而關燈可以讓大腦知道「該睡覺了」，可以睡得更深、更好。當我們睡眠魔法最強，到熟睡期的時候，生長激素就會分泌到高峰，長高魔法就會接連出現啦！此時你就會咻咻咻長高得更快！

不點醫師的話

成長的機會只有一次，錯過就沒有了！把握住這段黃金時光，好好吃飯、努力運動、每天早睡，變成你心目中的「高個子小巨人」吧！

讓我們一起加油，把長高的每一天過得充實又有趣★

要是可以再長高一點就好了……
誰叫我小時候太愛吃甜食還不睡覺……
拿不到、拿不到～
小時候……
半夜吃零食看卡通超開心的！
那我們穿越時空回到小時候吧！
可以嗎！
放下零食立馬去睡！
白天還要運動！
嚇死
回到現在
我長高啦！
太棒了！

2 睡覺的呼嚕聲～打呼是身體的警告？

你有沒有聽過自己或者家人在睡覺時發出「呼嚕呼嚕」的聲音呢？有時候聽起來像是一列小火車經過，又突然停下來，然後再重新啟動。這種聲音其實就是「打呼」，而它並不只是睡覺的背景音樂喔！有些時候，打呼可能是身體在告訴我們，它需要一些幫助了。

打呼是怎麼回事？

睡覺時，我們的鼻子和喉嚨就像是一條呼吸的高速公路，負責讓空氣順順利利的進到肺裡。如果這條路被某些障礙物堵住了，比如腫大的扁桃體或者鼻腔後方的腺樣體，空氣流過的時候就會變得很擠，發出「呼嚕呼嚕」的聲音。

有些小朋友因為感冒比較多次或者有過敏，導致嘴巴跟鼻子裡面的障礙物變得很大，這時睡覺時就容易發出打呼的聲音。不僅如此，打呼可能會讓我們晚上睡得不好，白天容易覺得累，上課時注意力不集中，甚至影響臉的形狀和身體的成長呢。

打呼只是聲音，還是疾病？

如果你發現自己不僅打呼，還會在睡覺時突然停住呼吸幾秒鐘，這就可能是「阻塞型睡眠呼吸中止症」。這是一種睡覺時鼻子和喉嚨的通道完全或部分被堵住的情況。長期不治療，可能會讓學習的專注力變差，心臟負擔變大，甚至影響身高喔！

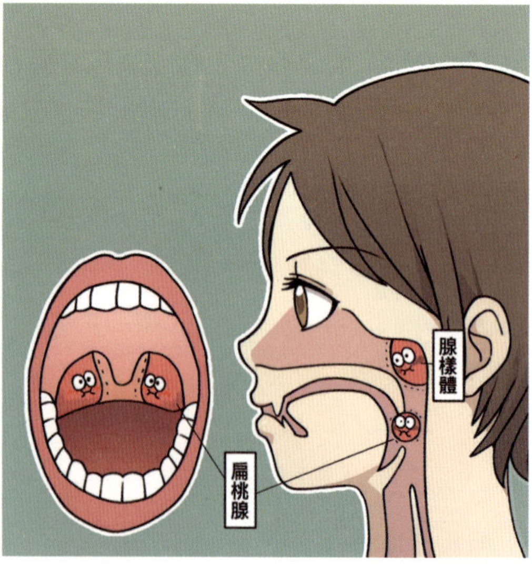

鼻腔內的腺樣體，跟咽喉兩側的扁桃腺，腫大的時候會阻塞呼吸道，造成打呼。

打呼要看醫師嗎？

小朋友若打呼的聲音很大、睡覺會喘不過氣、常常需要張口呼吸、白天精神差，就可以去看醫師囉！看醫師時，醫師會想了解你的睡覺和日常生活有沒有遇到問題。接著，他們可能會安排一些檢查，比如用「小探險家」內視鏡看看鼻子和喉嚨裡面有沒有堵塞的地方。

如果需要更仔細的看看睡覺時發生了什麼，醫師可能會建議你去做「睡眠檢查」。就是身上戴著一些特別的裝置睡上一晚。這些裝置會記錄你的呼吸和身體的變化。如果發現你每小時會有一次以上「停頓」不呼吸的情況，可能就會診斷為睡眠呼吸中止症囉！

如果醫師檢查過後，確定你需要治療，他們會根據你的狀況，安排適當的治療喔。

不點醫師的話

睡覺時的呼嚕聲可能是身體的警告喔！如果你發現自己打呼，或者白天常常覺得累，記得和爸爸媽媽說，請他們帶你去醫院檢查看看。治療得早，不僅能讓自己睡得更好，也能幫助學習和成長！

必勝
奇怪，注意力無法集中……
TNIOP
昨天沒睡好嗎？
我都有睡滿八小時啊……
不然我們晚上一起睡看看吧！
TNIOP
晚安！
呼嚕嚕嚕~
吵死了！
呼嚕嚕嚕~
呼嚕~
打呼太誇張了吧！
呼~
呼~~
早安……你有睡好嗎？
你打呼太大聲啦！

3 我看起來有點圓～胖胖的一定不好嗎？

你是否曾經有過這樣的煩惱：「我為什麼一直胖胖的？」覺得自己已經很努力減肥了，效果卻不明顯呢？其實，變胖的原因不只是吃得多動得少，還包括基因、環境，甚至日常習慣的影響。不過，無論我們的體型如何，只要採取健康的生活方式，都能讓自己變得更有活力、更健康！那麼，我們該如何面對過重的問題呢？

胖胖的身體也可以很健康嗎？

並不是每個胖胖的人都有健康問題喔！如果平時飲食均衡、經常運動、不熬夜，體內的代謝機能很好，即便體重比較高也能保持健康呢。可是，如果體重讓你跑步覺得喘不過氣，或者讓身體容易感覺累，甚至產生高血壓、糖尿病等疾病。這時我們就可以試著做些小改變，讓自己更健康、更有精神！

讓身體變健康的方法

❶ 多吃健康的食物：

- 蔬菜、水果是身體的好朋友，每天多吃一點，不僅會讓身體更輕盈，皮膚也會變漂亮喔！少喝汽水和含糖飲料，改喝白開水或牛奶，這樣不但能幫助身體長高，還可以讓牙齒更健康。
- 吃東西要細嚼慢嚥，讓身體慢慢體會天然食物的美味，不要吃太快。

❷ 動一動，身體會更棒！

- 每天運動三十分鐘是讓身體更健康的好辦法。運動的時候，心臟會更有力氣，骨頭也會更結實。
- 運動還可以讓我們更快樂！因為運動時，大腦會產生「快樂因子」，讓心情變好。

❸ **早睡早起精神好：**

・如果睡不夠，我們身體裡的「瘦瘦幫手」（瘦體素）會變少，而「餓餓怪獸」（飢餓素）會變多。瘦瘦幫手本來會告訴我們不要吃太多，而當我們沒睡好，它會變少，餓餓怪獸就會出來搗蛋，讓我們覺得更餓，還會特別想吃好吃的點心跟宵夜。

睡覺時，身體也會修復肌肉跟我們的免疫系統，幫助我們有更多能量迎接新的一天。每天早點睡，身體就有更多時間長高、變強壯。

胖胖的身體會有什麼麻煩？

❶ **跑步或跳躍變得困難：**身體需要更多力氣來支撐，關節壓力會變大，膝蓋和腳容易覺得不舒服。

❷ **心血管或代謝性疾病的風險上升：**長期體重過重會增加高血壓、心臟病、糖尿病的風險。

❸ 心情不開心：有時候可能會因為聽到別人說自己胖覺得難過，但我們要記得，健康和快樂才是最重要的！

❹ 容易打呼：打呼會讓睡眠品質變不好，注意力比較不容易集中，也可能長不高。

全家人一起參與！

減肥不是一個人的戰鬥，而是全家一起改變生活方式、變健康的好機會！全家人一起制定健康菜單、安排運動時間，不僅可以互相鼓勵，還能讓減重變得更有趣喔！

不點醫師的話

每個人的體型都有它的美，健康的生活方式比體重更重要！
即使體重有時起起伏伏會讓人感到挫折，但只要持之以恆，
你的身體會用健康和活力來回饋你喔！

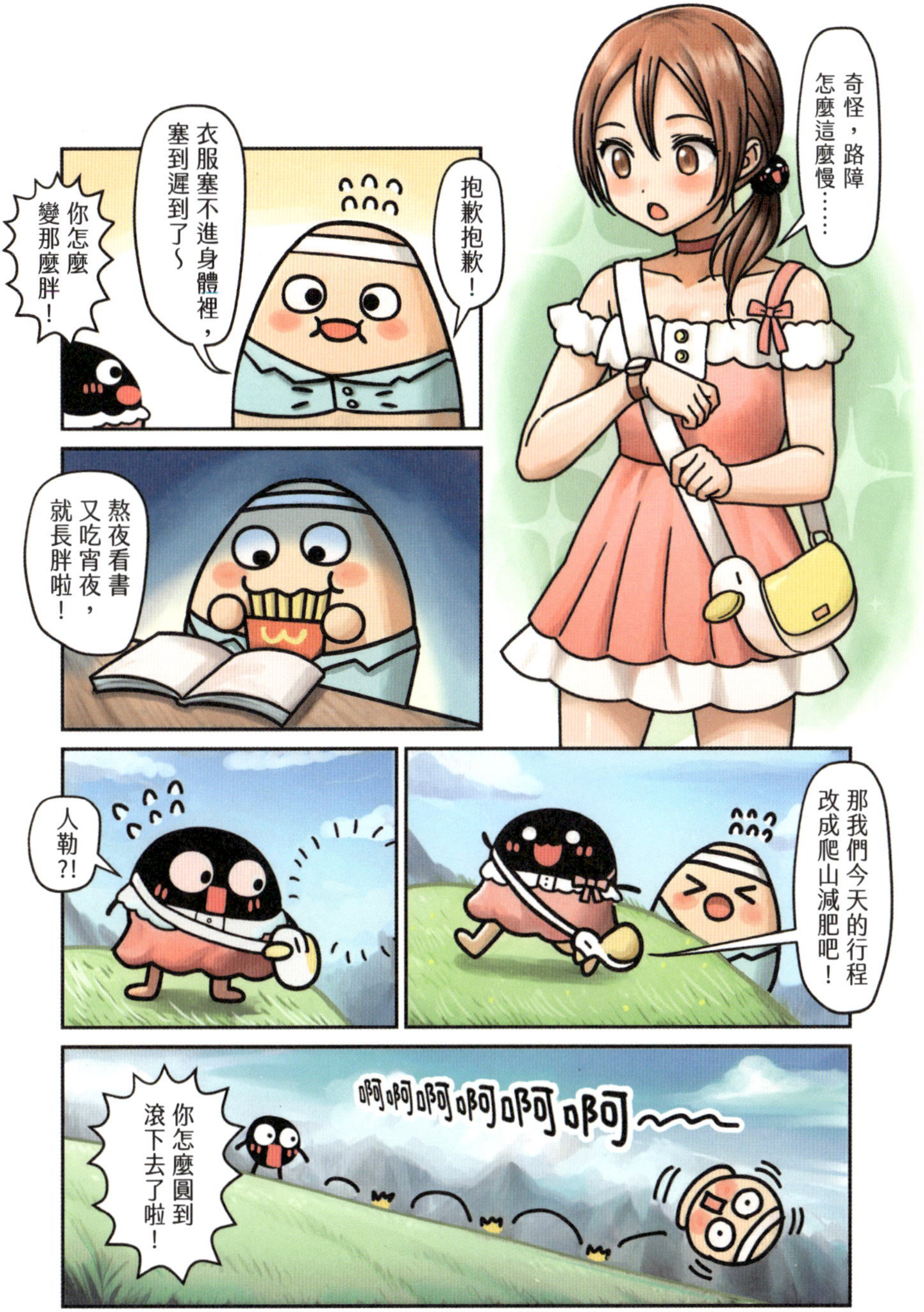
奇怪，路障怎麼這麼慢……
抱歉抱歉！
衣服塞不進身體裡，塞到遲到了～
你怎麼變那麼胖！
熬夜看書又吃宵夜，就長胖啦！
那我們今天的行程改成爬山減肥吧！
人勒?!
啊啊啊啊啊啊啊～～
你怎麼圓到滾下去了啦！

4 魔法大變身！青春期是什麼？

小朋友，有沒有覺得最近身體和感覺好像慢慢變得不一樣了呢？這是因為你正在經歷一段很特別的成長時期，叫做**青春期**！青春期就像一座通往成長的橋，帶著我們一步步從小朋友變成大人。

每個人青春期開始的時間都不一樣，通常女生的青春期會從十歲到十一歲開始，男生則大約在十一歲到十二歲左右。有些人早一點，有些人晚一點，但這都是每個人身體的獨特節奏，沒有什麼對或錯喔！

身體的變化：每個人都獨一無二

在青春期身體會開始出現一些新變化，雖然一開始可能會有點不習慣，但這些變化其實是成長的信號，也是我們變得更強壯、更成熟的過程，是每個人成長都會歷經的重要步驟。

女生會有哪些變化？

女生通常會先注意到**胸部開始發育**，接著腋下和生殖器周圍會長出毛髮，有時候陰道還會出現一些透明或乳白色的分泌物。再過一段時間，就可能會迎來第一次月經，也就是「生理期」。當這一天到來時，你可能會覺得有點緊張，但這其實是身體在告訴你：「你正在長大，變得更成熟了！」

如果發現不太懂的地方，或者對生理期感到擔心，不要害怕，記得找媽媽、老師或你信任的大人聊聊，他們一定會很樂意幫助你。

男生會有哪些變化？

男生最早會注意到**睪丸和陰莖變大**，接著腋下和生殖器周圍也會長出毛髮。而且，你的聲音可能會變得更低沉、有磁性，唱歌時也可能發現聲音和以前不太一樣，這些都是變成熟的信號呢！

為什麼有時候情緒會好多變？

青春期不僅是身體的變化，還包括你的大腦也在快速成長！大腦不同區域負責不同的功能，包括情緒、思考和決策，而在這個時期，大腦的成長速度很快，有時候讓你感覺像被「情緒怪獸」抓住一樣，容易開心一下、難過一下，甚至可能不小心發脾氣。

這些情緒變化都很正常，因為你的大腦正在學習如何應付快速成長的身體和新的挑戰。有時候，你可能會覺得很煩躁、容易哭，或者做一些事後才後悔的事情，但別擔心，這些都是你學習控制情緒的過程。

當你覺得心情有點不穩定時，可以試試這些方法：

❶ **深呼吸**：深深的吸一口氣，再慢慢吐出來，就像讓情緒的小船停在港口，而不是橫衝直撞。

2. **找人傾訴**：跟爸爸媽媽、老師或朋友聊聊心裡的感覺，他們會幫助你找到解決的方法。
3. **冷靜幾秒鐘**：當你想衝動做一件事時，試著先數到三，想想這樣做會不會讓自己後悔。

長高的黃金時間，千萬別錯過！

青春期也是身高快速增長的好時機！女生通常在第一次月經前達到「成長巔峰」，而男生雖然開始得晚，但能長高的時間比較長，平均可以多兩年喔！在這段時間裡，有些人一年可以長高九到十公分呢！所以，記得多吃營養均衡的食物，睡得夠，還要多運動，這樣才能讓身體更有能量好好長高。

不點醫師的話

青春期是每個人成長旅程中重要的一部分，它帶來挑戰，也帶來驚喜。遇到身體或情緒的變化時，不用太緊張，這些都是變成大人的過程。記得多吃健康的食物、好好睡覺，讓身體和大腦都有足夠的能量應付這些改變。如果覺得心情亂糟糟，可以找值得信任的人聊聊，讓自己放鬆一下。青春期雖然有點像冒險，但這是一段充滿希望和成長的旅程，讓我們一起迎接它吧！

青春魔法學院入學儀式
這位同學，聰明伶俐、樂於助人，身體為男性。
分配到男人學院！
哇！肌肉變多了！聲音也變低沉了！
這位同學，青春可愛、溫柔體貼，身體為女性。
分配到女人學院！
哇！身體脂肪變多！更柔軟漂亮了！
恭喜大家進入青春期！
對於自己的變化會焦慮不安跟迷惘都是正常的。
大家加油喔！

5 不吃早餐可以嗎？健康飲食的祕訣

小朋友們，吃得健康不只是讓我們長得高高的、力氣變大，還可以讓我們每一天都精神滿滿，不容易生病呢！不過，什麼食物會對身體好呢？我們一起來學習健康的飲食習慣吧！

為什麼健康飲食很重要？

當我們在長大的時候，身體需要很多的營養來健康成長，像是讓骨頭變結實的鈣，讓大腦更聰明的鐵，還有能量滿滿的蛋白質等等。如果平常吃太多油炸、甜甜的食物，雖然嘴巴覺得好吃，但可能會讓身體少了重要的營養，比較容易變得沒力氣，甚至生病。另外，肚子餓時還容易脾氣不好、注意力不集中，規律的飲食可以幫助我們保持好心情喔！

健康飲食的小祕訣

❶ **每天規律吃飯：**三餐一定要規律時間吃，尤其是早餐。早餐就像身體的「開機鍵」，會讓你一整天更有精神！如果覺得早上時間很趕，可以簡單吃一片全麥吐司配牛奶，或是一顆水煮蛋加上一根香蕉，都很棒喔！

❷ **多吃蔬菜和水果：**每餐試著讓自己的盤子上有不同顏色的蔬菜，像是綠色的菠菜、紅色的番茄、黃色的胡蘿蔔，這些都是身體喜歡的食物。水果也是身體的好朋友，每天吃個兩三份，比如一顆蘋果或幾片橘子，就可以補充很多的維生素喔！

❸ **少喝含糖飲料，多喝水：**果汁、汽水雖然甜甜的，但其實裡面藏了很多糖，也可能會有咖啡因在裡面。喝太多對牙齒和身體不好。不如選擇喝水，或是無糖的牛奶和豆漿，既健康又能補充營養。

❹ **均衡攝取蛋白質：**蛋白質幫助我們長高、讓肌肉更強壯！可以從魚、肉、雞蛋、豆腐、牛奶、堅果中獲得。如果你家裡吃素食為主，也可以

多吃豆類食品，比如豆漿或黑豆，都很營養喔！

5 **選擇健康零食：**肚子餓時可以吃點健康的小零食，像是無糖優格加水果，或是全麥餅乾配上一小塊起司。如果想吃薯條或糖果，只能當作偶爾的獎勵，不能常常吃喔！

要避免的飲食陷阱

1 **跳過某一餐：**有些小朋友為了減肥不吃早餐或午餐，但這樣反而容易肚子餓，之後會吃更多不健康的零食。規律吃飯才是王道！

2 **太多垃圾食品：**炸雞、薯條和甜甜圈雖然好吃，但吃太多容易讓身體累積多餘脂肪，對健康不好。

3 **邊吃邊看電視：**如果一邊吃飯一邊看動畫或玩手機，很容易不小心吃太多，卻不知道自己其實已經飽了。專心吃飯，不只對身體好，還可以慢慢品嘗食物的美味。

家人一起健康飲食

全家人一起吃飯的時候，我們通常會選擇更健康的食物，而且氣氛也更開心！如果有時間，可以試著和爸爸媽媽一起準備晚餐，像是洗菜、切水果，不但可以學到新技能，還能讓家人更有默契。

不吃早餐可以嗎？

小朋友，有沒有想過，為什麼大人們常常提醒我們「早餐一定要吃」呢？早餐就像身體的「開機鍵」，在我們睡了一整晚後，身體已經消耗掉很多能量，而早餐就是補充能量的最佳機會。如果不吃早餐，我們可能會覺得頭昏昏的、上課無法專心，還容易肚子餓到吃更多零食，這樣反而對健康不好。

最近有些大人們會選擇「間歇性斷食」的飲食方式，像是跳過早餐，來控制體重或幫助身體休息。不過，小朋友可不能這樣做！因為你們正處於身體快速成長的時候，需要每天補充均衡的營養來讓骨頭變結實、肌肉更強壯，也讓大腦更聰明。如果隨便斷食，反而會讓我們營養不夠，除了身體沒辦法變強壯，精神也會變得不集中，甚至影響健康呢！

所以小朋友們，記得每天按時吃早餐，選擇健康的食物，像是全麥吐司、牛奶、水煮蛋或水果，簡單又營養滿分！這樣才能一整天都精神飽滿，學習和玩耍都更有力氣喔！

不點醫師的話

小朋友們，健康飲食就像是在幫我們的身體建造一座結實的房子，有好的食物，就有強壯的地基。記得，每天三餐要規律，蔬菜水果是好朋友！讓我們一起把身體養得棒棒的，天天都開心又有力氣吧！

早餐沒吃沒力氣了……
早餐超人登場！
發現目標！
這裡有沒吃早餐的小朋友！
早餐準備攻擊！
哇！
全麥吐司夾蛋、拳！
MISSION COMPLETE!
我復活啦！

PART 5

我是內心堅強的小勇士

——如何穩定自己的心？

1 小脾氣大爆發！怎麼處理壞情緒呢？

小朋友們，你有沒有過這樣的時候：很生氣，覺得肚子裡有一隻小火龍在噴火？或者難過得像一隻被雨淋溼的小貓咪呢？每個人都有情緒爆發的時候，這是很正常的喔！今天，讓我們來聊一聊，當壞情緒來了，我們可以怎麼處理它吧！

壞情緒是什麼呢？

情緒就像天氣一樣，有時候是燦爛的晴天，有時候會飄來幾朵烏雲。生氣、難過、害怕或失望，就像下雨的日子，雖然不那麼舒服，但它們其實是在溫柔的提醒我們：「你的心需要休息、需要好好照顧了。」但就像雨過會天晴，心情也會慢慢變好的喔！

就像如果有人不小心弄壞了你的玩具，你可能會覺得很生氣；或者比賽沒拿到第一名，你可能會覺得很失望。壞情緒並不可怕，它只是我們心裡的信號，提醒我們開始想想，自己為什麼會傷心難過，我想要的是什麼呢？

為什麼有時壞情緒會突然大爆發呢？

有時候，壞情緒像氣球一樣，愈來愈大，最後「砰！」一下就爆炸了。這可能是因為我們沒有及時照顧它，或者不知道該怎麼表達自己的感覺，讓不開心的感受逐步累積，一口氣爆發出來。

比如說，小明的媽媽讓他去收玩具，但小明正玩得開心，所以感到很煩躁；當媽媽多次催促他幾次時，他不開心的情緒累積到極限，他就大聲喊：「不要！」這時候，他的壞情緒就像巨大的氣球被刺破，一口氣爆炸開來！

其實，壞情緒不會突然出現，而是慢慢累積的。如果我們能在一開始就察覺自己不開心的情緒，並用合適的方式表達，比如告訴媽媽：「我還想再玩一下，可以再五分鐘嗎？」那麼氣球就不會一下子炸開，而是慢慢放氣，讓心情回到平靜喔！

為什麼有時心情像雲霄飛車忽高忽低？

我們的大腦在快速成長時，控制情緒的地方會變得特別活躍，但負責理性思考的部分還需要時間跟上，這會讓你的情緒就像雲霄飛車，有時候很高，有時候很低，這是完全正常的喔！當你感到情緒波動時，試著告訴自己：「這只是我大腦在學習長大。」

不過，當情緒像大浪一樣襲來時，說出話前可以先停下來，心裡默數三秒，想一想：「我這樣說會不會讓自己或別人受傷呢？」因為有時候，氣話並不是我們真正的感受，卻可能讓人誤解或受傷。如果實在控制不了情緒，找信任的大人聊聊你的感受，他們就像雲霄飛車的安全帶，可以穩穩的保護你，不讓情緒失控，讓你更好的面對這些起伏。

壞情緒大爆發時該怎麼辦？

當壞情緒像火山一樣快要噴發時，試試這些小技巧吧！它們就像魔法，能幫助你冷靜下來，重新找回好心情！

1. **深呼吸魔法：**當你覺得心情快要爆炸時，閉上眼睛，深深的吸一口氣，然後慢慢的吐出來。反覆做幾次，你會覺得心情就像被溫暖的小手安撫，慢慢的平靜下來。
2. **說出來的力量：**試著把心裡的感覺告訴身邊信任的人，比如爸爸媽媽、老師，或者好朋友。他們會傾聽你、陪伴你，幫助你找到解決方法。
3. **畫一幅情緒畫：**如果不想說話，也可以拿起筆，把心裡的情緒畫下來。你的畫裡可以有大大的火山，也可以有一隻哭泣的小熊。畫完後看看自己的作品，你會發現心情已經輕鬆了許多。
4. **數數冷靜法：**在心裡慢慢數到十，給自己一點時間「停一停」，讓壞情緒有機會安靜下來。數完後，你就可以想一想：「我還有什麼別的辦法可以試試？」

5 **給自己一個溫暖的擁抱：**把手環繞在自己的胸口，輕輕抱抱自己，像是對自己說：「沒關係，一切都會好起來的！」這是一種愛自己、安慰自己的好方法。也可以抱抱家裡的枕頭或者娃娃，讓自己安心下來。

平時怎麼保持開心的心情呢？

壞情緒並不可怕，我們只需要學會和它做好朋友。可以試著每天練習以下小技巧：

1 **開心日記：**把每天開心的事情記下來，當你不開心時，可以翻開看看，提醒自己生活中也有很多美好的事情。

2 **運動魔法：**做些簡單的運動，比如跑步、跳繩、打球，讓身體動起來，大腦會分泌快樂因子，壞情緒會悄悄溜走喔！

3. **感謝清單：**每天列出三件你感謝的事情，例如感謝今天天氣很好沒有下雨、感謝自己又努力度過了一天、感謝家人朋友陪伴或照顧你，讓心情慢慢的像太陽一樣明亮。

當小朋友發脾氣時，爸爸媽媽可以怎麼做？

當小朋友脾氣很壞時，爸爸媽媽可以先深呼吸，保持冷靜，不要急著責備或跟著生氣，因為孩子的情緒就像風暴，需要大人穩定的情緒來平靜下來。可以先試著理解他的感受，蹲下來和他說：「我看到你現在很生氣，能不能告訴我發生了什麼事？」讓孩子有機會表達自己的不滿，而不是用哭鬧或發脾氣來宣洩。

如果孩子還在大吼大叫，可以先給他一點空間，等他稍微冷靜後，再慢慢引導：「我們一起想想，還有別的方法可以解決嗎？」讓孩子學會用語言來表達情緒。平時也可以透過故事或遊戲，幫助孩子學習調節情緒的方法，讓他知道，生氣是可以的，但我們可以用更好的方式來表達。最重要的是，讓孩子感受到，無論他開心還是生氣，爸媽會願意陪伴他一起學習如何處理情緒。

如果父母也正在氣頭上，請給自己一點空間，慢慢深呼吸冷靜下來，等冷靜了，再去面對孩子，比較不會兩敗俱傷喔！

不點醫師的話

每個人都會有壞情緒，但只要我們學會如何了解它，它就會變得溫柔又聽話。記住，小朋友們，你不需要一個人面對壞情緒，有需要的時候，家人、朋友，或老師都會陪伴在你身邊！我也從書本裡給你一個大大的擁抱，加油！

剛有人把冰淇淋打翻在我頭上，超生氣的！
怎麼了？
超！生！氣!!
不然把心情畫下來，發洩一下好了！
超生氣的！
而且不知道為什麼怎麼洗都洗不掉……
現在有兩個超生氣的不點了呢～
唰唰唰——
ㄎㄎㄎ……

2 壓力山大！怎麼讓心情放輕鬆？

嗨，小朋友！還記得《腦筋急轉彎2》裡那個又緊張又手忙腳亂的情緒——阿焦嗎？它是不是常常轉來轉去，搞得你有點煩？其實，阿焦是我們心裡的小提醒器，它會告訴我們：「你可能太緊張了喔！」但如果阿焦跳得太厲害，讓我們沒辦法好好做事情，該怎麼辦呢？別擔心，今天我們要一起學一些小技巧，讓阿焦乖乖安靜下來，讓心情慢慢放輕鬆。

為什麼我們會焦慮？

當我們面對重要的事情或新的挑戰，比如考試、表演，或者要做沒試過的事情時，阿焦就會跳出來提醒我們：「這件事很重要喔！」適度的焦慮能幫助我們集中精神、努力準備，但如果阿焦太過緊張，就會讓我們的心跳加快、手心冒汗，甚至覺得自己怎麼做都不夠好。這時候，我們可以深呼吸，告訴阿焦：「謝謝你的提醒，但我已經準備好了，讓我們一起冷靜下來，好好完成這件事吧！」這樣，我們就能和阿焦成為好夥伴，而不是被它控制喔！

壓力的來源是什麼？

心理壓力就像一只看不見的背包，裡面的東西裝得愈多，心情就會感覺愈沉重。壓力的來源有很多，可能來自學校的成績、堆積如山的作業，或者擔心自己表現不好，害怕被老師或家人責備。也可能是和朋友相處時發生了爭吵，或者覺得自己不被理解，心裡悶悶不樂。甚至，有時候我們只是太累了，事情太多卻不知道該怎麼休息，這些感覺都會讓壓力慢慢累積。

如果壓力一直沒有釋放，它可能會影響我們的心情，讓我們變得焦慮、煩躁，甚至容易生氣或哭泣。就像背包太重時，我們需要停下來整理一下，把一些背包裡的東西拿出來，讓自己放鬆一點。

放鬆小技巧：跟阿焦一起深呼吸

面對壓力時，我們也可以試著找人聊聊，或用自己喜歡的方式放鬆，讓心情輕鬆一點。

1. **深呼吸的練習：** 讓我們一起來做個深呼吸練習吧！把你的手放在肚子上，慢慢吸氣，感覺肚子像氣球一樣漸漸鼓起來；再慢慢的把氣吐出來，讓氣球輕輕放氣。試著做三到五次，你會發現自己的心跳慢下來，阿焦也會變得安靜很多。

2. **正念思考、專注當下：** 有時候，我們會因為擔心未來或懊惱過去而焦慮。這時候，可以試著做「正念思考」的小練習。你可以閉上眼睛，專注的感受現在，比如呼吸的聲音、椅子帶來的支撐感，或者陽光照在臉上的溫暖。告訴自己：「此時此刻，我是安全的。」慢慢的，阿焦會發現，現在並沒有什麼可怕的事情，它就會乖乖的安靜下來了。

3. **身體放鬆術——像冰棒融化一樣放鬆：** 想像你的身體是一支冰棒，從頭頂開始慢慢融化。先感覺肩膀變得放鬆，再到手臂、腿，最後到腳趾。當你全身都像融化的冰棒一樣柔軟時，阿焦也會因為沒事可忙而悄悄消失喔！

小練習：寫下你的煩惱，給它們打分數

有時候，阿焦可能讓你的腦袋裡滿是「擔心」的小泡泡。這時候，不妨拿出一張紙，把讓你緊張的事情寫下來，比如「明天要上臺講話」、「老師會不會生氣」、「同學會怎麼想？」等等。然後，給每件事打一個分數，1分是「不太重要」，10分是「超級重要」。當你這樣做時，會發現很多讓你緊張的事情，其實只是小小的雲朵一吹就散開，不用花太多力氣去擔心。

什麼時候需要幫助？

有時候，阿焦可能太調皮了，讓你無法專心做功課、睡不好覺，甚至連平

常開心的事情也提不起興趣。如果這些情況發生了，請告訴爸爸媽媽或老師，他們可以幫助你找醫師或心理師諮商，一起學習更厲害的放鬆方法，讓阿焦回到它應該有的「安靜模式」。

當小朋友焦慮時，爸爸媽媽可以怎麼做？

當小朋友覺得焦慮或壓力很大時，父母可以像溫暖的避風港，幫助他們慢慢放鬆。首先，請耐心傾聽，讓孩子說出心裡的不安，不要急著批評或打斷，而是用溫柔的語氣告訴他：「我懂你的感受，你可以慢慢說給我聽。」接著，幫助孩子找到適合的方法來舒緩壓力，例如一起散步、聽音樂、畫畫，或做些他喜歡的活動，讓心情變輕鬆。還可以教孩子深呼吸或數數，幫助他們學會調整自己的情緒。最重要的是，讓孩子知道不論發生什麼事，爸爸媽媽都會陪在他身邊，給他支持和愛，這樣孩子就能更有勇氣面對挑戰喔！

不點醫師的話

壓力和焦慮其實是我們生活的一部分，它們像小老師一樣提醒我們注意重要的事情。但當阿焦變得太調皮時，我們也需要學會怎麼讓自己放鬆。記得多做深呼吸，試試正念練習，並把煩惱寫下來慢慢解決。心情輕鬆了，阿焦也就變成你的好朋友啦！

又要看診、又要做研究、又要寫書……
事情做不完啦！
來～深呼吸——
試著感受你的呼吸——
身體放鬆下來——
輕飄飄——
融化的感覺——
有沒有放鬆……
欸?!睡著了！

3 找到勇氣小夥伴！害怕時怎麼辦？

小朋友，你們是不是也有害怕的時候？害怕是一種很正常的感覺，每個人都會有害怕的事物，像是黑暗、高大的狗，或者大聲的雷聲。害怕其實是我們身體的「保護機制」，提醒我們小心周圍的危險。但有時候，我們的害怕可能會變得太大，甚至影響到生活和快樂。今天我們一起來看看，害怕時可以怎麼做，來找到屬於自己的勇氣小夥伴吧！

為什麼我們會害怕？

害怕其實有很多不同的原因。有時候是因為自己經歷過不愉快的事情，比如被狗追過；有時候是因為聽到別人說某些事情很可怕；還有的時候，害怕甚至可能是從爸爸媽媽那裡「學來的」。像是，如果爸爸媽媽很怕雷聲，小朋友也可能覺得雷聲很可怕。

我們的害怕也會隨著年齡增長而改變。比如，年紀小的小朋友可能害怕怪物或幽靈，因為想像力特別豐富；大一點的小朋友可能更擔心成績不好，或者同學不喜歡自己。這些害怕都是正常的，只要我們懂得如何面對它們，就能找到屬於自己的勇氣。

害怕時可以怎麼辦？

每當感到害怕的時候，試試以下的方法，讓自己變得更有勇氣吧！

1. **說出你的害怕：**害怕的時候，千萬不要悶在心裡喔！可以告訴爸爸媽媽、老師，或者信任的好朋友。當你說出害怕時，大家會理解你，還會幫你一起想辦法。比如，如果你害怕黑暗，可以請爸爸媽媽給你裝一盞小夜燈，這樣就不用擔心晚上看不到了。
2. **用想像力打敗害怕：**害怕其實就像我們腦袋裡的小怪獸，愈害怕它，它就會變得愈大！但如果我們用想像力來打敗它，怪獸就會變得愈來愈小。比如，如果你害怕幽靈，可以想像自己是個超級英雄，有一個可以趕走幽靈的魔法手電筒。這樣一來，害怕就不見啦！

3 **一步一步接近害怕的事物：**如果害怕的事情讓你退縮，可以試著一步步接近它。舉個例子，如果你害怕狗，先試著看狗狗的圖片跟影片，然後和一隻小狗保持距離，慢慢的觀察牠，最後找跟人比較親近而且主人在旁邊的狗狗，試著輕輕撫摸牠。每一次小小的進步，都是在幫助你變得更勇敢。

4 **將害怕的感覺畫出來：**有些小朋友可能不太知道如何用語言表達自己的害怕，那不如把害怕畫下來吧！你可以畫出讓你害怕的事情，然後再給它加上一些有趣的東西，比如給可怕的雷聲加上一張笑臉，或者讓怪獸戴上滑稽的帽子。當害怕變得搞笑時，就不那麼可怕了！

5 **找到放鬆的辦法：**害怕時心跳會加快，身體會變得緊張。我們可以深呼吸，像吹泡泡一樣慢慢吐氣，讓心情平靜下來。還可以試著想像一個你覺得很安全的地方，比如爸爸媽媽的懷抱，最喜歡的遊樂園，愛吃的食物，或是溫暖的被窩。

當小朋友害怕時，爸爸媽媽可以怎麼做？

爸爸媽媽們也可以成為小朋友的勇氣小夥伴。當小朋友說害怕時，可以用溫暖的語氣安慰他們，比如說：「不要怕，有爸爸媽媽在，什麼也傷害不了你。」同時，也可以教孩子慢慢認識害怕的事物，並告訴他們這些事情其實並不可怕。不過要注意，千萬不要因為孩子害怕，就讓他們完全避開害怕的事物，這樣只會讓他們愈來愈害怕喔！相反的，我們可以鼓勵孩子慢慢接觸，並且給予他們心理上的支持。

不點醫師的話

害怕並不是壞事，它提醒我們注意身邊的危險。但更重要的是，學會面對害怕的感覺，找到自己的勇氣小夥伴。記得，害怕時不要害羞，勇敢的說出來，還可以試試想像、畫畫或者深呼吸這些方法。讓我們一起成為小小勇氣超人吧！

打雷好可怕！
路障你不怕嗎？
轟隆隆！！
轟隆隆！！
你看！天上降下閃電不就跟魔法一樣嗎？
耳朵搗起來，試著欣賞看看外面的風景如何呢？
雨過天晴了呢！

4 別人很棒心裡卻酸酸的？嫉妒小怪獸出現啦！

小朋友，你有沒有覺得，當兄弟姊妹搶走爸爸媽媽的關注，或者看到好朋友的玩具比自己的還好時，心裡有點不舒服？那種感覺叫做嫉妒，它就像一隻躲在心裡的小怪獸，會在我們在意的時候偷偷跑出來搗亂！

其實，嫉妒並不是壞東西。今天，我們就來認識「嫉妒小怪獸」，並學會跟它好好相處，把它變成我們的好朋友吧！

嫉妒是什麼？

嫉妒就像心裡的小警報器，當我們發現自己想要的東西被別人拿走，或者覺得別人比我們更厲害時，小警報器就「叮叮叮」的響起來，提醒我們：「你很在意喔！」

比如說，當弟弟妹妹得到更多的關注，你可能覺得不公平；當同學考試成績很好，你可能會覺得羨慕；或是看到朋友有新鮮有趣的新玩具，你可能會想：「為什麼我沒有！」

這些感覺都很正常，因為嫉妒的背後，其實是我們對某些事情的「在乎」。

嫉妒的心情會怎麼影響我們？

當嫉妒的心情跑出來時，它可能會讓我們：

- **不開心**：心裡覺得委屈或氣憤。
- **想比較**：跟別人比誰更厲害、更好。
- **不友善**：可能會對別人說不好聽的話，或者不想分享自己的東西。

但這些行為其實並不能解決問題，反而可能讓人際關係變得更複雜，甚至讓自己更不開心。

如何跟嫉妒小怪獸做朋友？

其實，每個人都有過羨慕嫉妒他人的心情，那我們該怎麼做，才能與它和平相處，不要傷害自己也傷害別人呢？

❶ **找到「在乎」的原因：**問問自己為什麼會嫉妒？是因為想要更多的關注，還是希望自己能更厲害？當你找到原因後，就能更清楚的面對。

❷ **化嫉妒為動力：**如果你嫉妒別人的成績或才藝，可以試著把它變成努力的目標，比如：「我要每天多讀書十分鐘，讓自己成績也能變好！」「我要每天多練球十分鐘，這樣我打球會更厲害！」

❸ **學會欣賞別人：**當你看到別人很棒時，可以試著真心讚美他：「你畫的畫好漂亮喔！」這樣不但能讓別人開心，也會讓自己感覺更輕鬆。

❹ **感受自己的獨特性：**每個人都有自己的優點，比如你可能跑步很快，手工做得很好，個性很樂觀，常常當別人的小幫手，或是想像力很豐富等

等，這些都是你的「小超能力」！多關注自己的長處，嫉妒小怪獸就不容易跑出來囉！

當小朋友嫉妒時，爸爸媽媽可以怎麼做？

如果爸爸媽媽發現小朋友心裡住著嫉妒小怪獸，可以試試這些方法：

1. **多陪伴、多聆聽：**有時候孩子嫉妒只是希望得到多一點愛和關注。
2. **不要比較或責怪：**比較只會讓孩子更不開心，而是要引導孩子看到自己的優點。
3. **引導孩子分享：**學會分享不僅能減少嫉妒，還能建立更好的友誼。

不點醫師的話

嫉妒並不可怕，它是心裡的小提醒，讓我們知道自己在乎什麼。只要學會認識和面對嫉妒的感覺，讓它變成我們的好朋友，就能讓自己變得更開心、更強大喔！

他又拿到全校第一了！大家拍拍手！
獎狀
第一名
有什麼了不起的？還不是家裡有錢，可以一直上家教。
成績好有什麼用？
以後不一定有好工作，死讀書死腦筋！
不要再跑出來了！嫉妒怪！
其實你真正的想法是：
你也想被肯定，
你也想被在乎。
擁抱自己的內心，找到自己獨特的價值。
不被嫉妒蒙蔽雙眼、不口出惡言，化嫉妒為努力的動力吧！

5 讓眼淚變成彩虹！難過時怎麼辦？

小朋友，有時候我們會覺得心裡酸酸的、沉沉的，甚至想哭，這是每個人都會有的感覺，就像天空偶爾也會下雨一樣。但是你知道嗎？下雨的天空，常常會為我們帶來一道美麗的彩虹。今天，我們就來學習如何讓眼淚變成彩虹，幫助自己找到溫暖的力量。

認識難過是正常的感覺

當你覺得心情低落時，不要害怕，也不要對自己太苛責。這是我們心靈在告訴我們：「我需要被照顧了。」難過就像身體的感冒，是心靈需要休息的信號。所以，當你感到難過時，可以對自己說：「這沒關係，我有權利感受這些情緒。」

找到支持你的人

如果你覺得心情長時間沉重，甚至開始影響到你的生活，例如不想上學、不想和朋友玩，或者常常覺得沒力氣，記得一定要和信任的人說，比如爸媽、老師、朋友，或是醫師。他們就像會為你撐傘的人，能幫你遮風擋雨，陪你一起找到解決的方法。

動起來，讓心情也跟著跑起來

運動不僅會讓我們腦袋產生快樂魔法，也幫助我們轉移注意力，當我們專注在跑步時，就不會一直想著讓自己煩惱的事。而且，運動還能讓身體變健康，睡得更好。所以，當你覺得悶悶不樂時，不妨去跑跑操場，跑著跑著心情就會愈來愈好喔！

為自己創造「安心角落」

當你覺得難過時，可以找一個讓你安心的地方待著。做一些可以讓你感覺放鬆的事情，比如畫畫、寫日記、看一本喜歡的書，或者抱一個你最愛的玩偶。甚至像是捏泡泡紙、敲打枕頭等等，這些小小的動作，都可以幫助轉移注意力，而且給心靈蓋上一條溫暖的毯子，讓自己感覺更安全、更有力量。

分辨「普通難過」與「憂鬱症」

有些難過會像天氣一樣，很快就會放晴，但有時候難過會停留很久，讓你每天都覺得提不起勁，甚至不想做任何事情。如果你發現自己有以下情形：

- 比以前容易覺得難過或生氣。
- 每天都覺得很疲累，提不起勁，連最喜歡的事情都變得不再有趣。

- 吃得太少或太多、晚上睡不著或一直想睡。
- 常常覺得自己不好、沒有人喜歡自己。
- 心裡一直有沒來由的罪惡感。
- 有想要從世界上消失的想法或計畫。
- 平時跟同學相處、處理日常生活事務的能力明顯下降，學業成績也大幅下滑。

有這樣的狀況，可能不是普通的難過，而是「憂鬱症」的信號！憂鬱症不是「懶惰」或「愛發脾氣」，而是大腦裡的化學物質出了點問題，就像感冒時會發燒、流鼻水一樣，是你的心生病了。這時，你需要家人、老師和醫師的幫助。雖然很辛苦，但是你並不孤單，經過專業的幫助，這些感覺是可以慢慢變好的。

當小朋友難過時，爸爸媽媽可以怎麼做？

最重要的是傾聽，讓孩子知道自己的感覺是被理解的。可以輕聲問：「你是不是覺得不開心呢？想和我聊聊嗎？」讓孩子願意表達自己的感受，而不是急著給建議或是幫他們找解決方法。

另外，可以給予陪伴和心理支持，有時候孩子不一定想說話，但只要爸爸媽媽安靜的陪在身邊，或是給予溫柔的擁抱，就能讓孩子感到安心，也可以引導孩子找到讓自己開心的方法。最重要的是，讓孩子知道：「難過的感覺是可以被接納的，爸爸媽媽永遠在這裡陪著你。」

不點醫師的話

難過的時候，不用害怕，因為這是心靈在和你説話。如果你發現自己難過的時間很長，甚至影響到生活，記得找信任的人聊聊，或者讓專業的醫師或心理師來幫助你。

難過的時候告訴自己：「這只是一段過程，不會永遠這樣。」就像每場雨後都可能出現彩虹，每一次的難過也會帶給我們成長的禮物。無論現在的感覺多麼沉重，請相信自己能撐過去，並且變得更堅強。

嗚嗚……
你怎麼了?
我種的植物枯萎了!
再種一棵新的就好啦!
黃水仙花語：復活與新生。
但是他再也不是當初的那一棵了……
已經消失的生命，彷彿永遠不會回來。
落在泥土中的枯葉，隨著時間化為塵土，轉化為新生命的養分。
生命不斷循環，快樂與悲傷也是。
啊——
這是你最喜歡的布丁喔!

6 笑容多一點！開心的祕訣是什麼？

小朋友們，天天保持開心聽起來很棒，但有時候我們會因為有煩惱的事情，讓開心有點難。其實科學告訴我們，開心不是天生的，而是可以學習的！現在，我們就一起來看看，怎麼讓自己的笑容變得更多吧！

認識自己的感覺

有時候，我們不開心可能是因為學校的壓力，跟朋友或家人吵架，想要的東西沒有得到，或者一些我們無法控制的事情。首先，我們要學會去理解自己的感覺——問問自己：「我為什麼覺得難受呢？」當你知道自己為什麼不開心，才會更容易找到開心的方法喔！

用科學的方法幫助自己

你知道嗎？心理學家發現，有一些方法可以讓我們更開心：

1. **動一動，快樂就來了：**運動能讓人心情變好，主要是因為大腦會分泌讓我們快樂的物質，像是內啡肽和多巴胺。內啡肽能減輕壓力，讓人感覺放鬆，就像大腦送給我們的一個「開心抱抱」；而多巴胺則會帶來成就感，讓我們覺得更有自信、更有動力去挑戰下一個目標。不一定要激烈運動，散步、騎腳踏車，甚至開心的唱歌跳舞都可以。

2. **睡得好，心情才會好：**睡眠是讓身體和大腦充電的時間。如果我們睡不夠，就容易感到煩躁、愛生氣。睡前給自己一個溫暖的睡前儀式，比如聽輕柔的音樂、抱抱最愛的娃娃，幫助自己睡個好覺。

3. **吃出好心情：**有些食物能幫助我們保持快樂，比如香蕉、堅果、雞蛋、優格，這些食物可以讓大腦更有活力！但如果常常吃太多糖果、炸雞、洋芋片，可能會讓我們變得容易生氣，甚至覺得沒精神。多吃健康食物，讓身體充滿能量，快樂自然跟著來！

與人建立連結

開心其實也可以「分享」！當我們和朋友一起笑，開心就會成倍增長。心理學家有研究過，跟朋友一起開心的玩，可以有效減少壓力和憂鬱。所以，下次不妨約朋友一起玩遊戲、聊聊心事，或者和家人一起吃飯聊天、出去散步吧！

一個人也能擁有快樂

有些人喜歡熱鬧，但有些人覺得自己一個人待著比較自在，這也是很正常的喔！獨處時，也可以找到讓自己開心的方法：

1. **看一本喜歡的書：**沉浸在故事裡，跟著主角去冒險，會讓人忘記煩惱。

2. **欣賞自己喜歡的電影或動畫：**輕鬆的卡通、溫暖的故事、帥氣又美麗的動漫人物，能讓人心情變好。

3. **畫畫或寫寫日記：**把心情畫下來，或是用日記記錄下開心的事情，可以讓大腦更放鬆，也能幫助我們整理自己的情緒。

4. **聽音樂或彈奏樂器：**音樂有魔法，可以帶來平靜或活力，試試聽一首最愛的歌，或是彈奏輕快的樂曲。

感恩每一天的小事

你知道嗎？每天記錄三件讓自己覺得開心的事，可以讓人變得更快樂。這些事不需要很大，例如：「今天中午吃到的水果好好吃！」、「同學說的笑話好好笑！」甚至「今天天空的雲好漂亮！」、「今天看得到星星呢！」這些都很值得開心呢。每天跟自己說：「今天也是很棒的一天！」如此一來，你會更容易發現生活中美好的時刻！

不點醫師的話

笑容是一種魔法，不僅能讓我們更快樂，也能讓身邊的人覺得溫暖。試著每天找三件小事，讓自己的嘴角上揚，慢慢的，你會發現自己變得更容易開心，心情也會變得更輕鬆喔！快樂不是別人給的，而是可以自己創造。試試這些方法，讓你的笑容每天都多一點吧！開心其實比你想像得更簡單！

你那什麼怪臉～
我在練習微笑啊！
聽說保持微笑可以讓人更親切～
像嬰兒會無意識的微笑，以獲得成人喜愛。
但是，比起練習微笑，要不要試著讓自己真的變快樂呢？
例如：想著好吃的食物、快樂的回憶、甚至生活上一些小小的幸福……
我笑到嘴巴抽筋了……
該說你樂極生悲嗎？

Learn 081

不點醫師寫給小學生的成長指南

第一次照顧自己就上手！

作者—不點醫師

本名蔡宗芸。

生活有點雞飛狗跳、也充實幸福的二寶媽。從醫學生時期開始以醫院日常為主題創作，現為大腸直腸外科主治醫師。

這本寫給孩子們的健康知識教養書，正是他送給家裡哥哥跟弟弟的美好禮物，希望每一個讀了本書的孩子，都能健康快樂的長大！

FB：酷勒客-Clerk的路障生活

IG：roadblockaclerk

時報文化出版公司成立於一九七五年，並於一九九九年股票上櫃公開發行，於二〇〇八年脫離中時集團非屬旺中，以「尊重智慧與創意的文化事業」為信念。

作者—不點醫師
主編—尹蘊雯
責任編輯—王瓊苹
責任企劃—吳美瑤
封面設計—FE設計
內頁排版—芯澤有限公司

副總編—邱憶伶
董事長—趙政岷
出版者—時報文化出版企業股份有限公司
一〇八〇一九臺北市和平西路三段二四〇號三樓
發行專線—（〇二）二三〇六六八四二
讀者服務專線—〇八〇〇二三一七〇五
（〇二）二三〇四七一〇三
讀者服務傳真—（〇二）二三〇四六八五八
郵撥—一九三四四七二四 時報文化出版公司
信箱—一〇八九九臺北華江橋郵局第九九信箱
時報悅讀網—http://www.readingtimes.com.tw
電子郵件信箱—newlife@readingtimes.com.tw
法律顧問—理律法律事務所 陳長文律師、李念祖律師
印刷—勁達印刷有限公司
初版一刷—二〇二五年五月九日
定價—新臺幣四二〇元
（若有缺頁或破損，請寄回更換）

不點醫師寫給小學生的成長指南：第一次照顧自己就上手 !/ 不點醫師著 . -- 初版 . -- 臺北市：時報文化出版企業股份有限公司 , 2025.05 ；208 面 ;14.8X21 公分
ISBN 978-626-419-419-8(平裝)
1.CST: 衛生教育 2.CST: 初等教育

523.33 114004395

ISBN 978-626-419-419-8
Printed in Taiwan